GAOSU TIELU XINHAO GONGCHENG SHIGONG JISHU

高速铁路信号工程施工技术

马海民◎主编

中国铁道出版社有限公司

2021年·北 京

图书在版编目（CIP）数据

高速铁路信号工程施工技术/马海民主编．—北京：
中国铁道出版社有限公司，2021．3
ISBN 978-7-113-27495-5

Ⅰ．①高… Ⅱ．①马… Ⅲ．①高速铁路-铁路信号-
工程施工 Ⅳ．①U284

中国版本图书馆 CIP 数据核字（2021）第 042557 号

书　　名：高速铁路信号工程施工技术
作　　者：马海民

责任编辑：张卫晓　　　　　**编辑部电话：**（010）51873193
封面设计：高博越
责任校对：孙　玫
责任印制：高春晓

出版发行：中国铁道出版社有限公司（100054，北京市西城区右安门西街 8 号）
网　　址：http://www.tdpress.com
印　　刷：北京柏力行彩印有限公司
版　　次：2021 年 3 月第 1 版　2021 年 3 月第 1 次印刷
开　　本：710 mm×1 000 mm　1/16　印张：14　字数：275 千
书　　号：ISBN 978-7-113-27495-5
定　　价：75.00 元

前　言

随着我国经济的快速发展,高速铁路作为一种极为快速的陆路交通工具也得到了迅猛的发展,铁路信号被誉为列车行车的神经和大脑,它的质量优劣直接关系到铁路行车的安全和稳定。 高速铁路建设过程中，信号系统的施工和工艺尤为复杂，存在诸多的影响因素，包括人员、材料质量、机械设备、施工方法和施工工艺等。 为加强铁路信号的施工管理，有效指导现场施工，进一步提高施工质量，并结合近年来实施的多项高速铁路信号项目，经过提炼、整理，特编写此书。

本书分为 15 章，主要内容是：绪论，高速铁路信号施工流程，施工准备，电缆工程，箱、盒安装工程，转辙设备安装，信号机及标志牌安装，轨道电路安装，应答器安装，室外信号设备硬面化施工，室内设备安装，防雷及接地施工，室内模拟试验，设备单项调试，联调联试。

本书依据现行的国家验收规范、质量检验评定标准和有关技术规程，结合高速铁路施工技术经验及施工现场编写，实用性强，内容全面、系统、完整。 希望能通过本书推动高速铁路信号专业施工技术发展与提高。

由于时间和水平所限，还存在一定的不足，敬请广大读者批评指正，多提宝贵意见。

编　　者

2021 年 1 月

目　录

第 1 章　绪　　论

1.1　概　　述

高速铁路信号系统是整个铁路运行的可靠保障，是铁路安全运行的关键，因此在高速铁路建设的过程中要加强对信号系统的建设和管理，以保证整个铁路系统的安全性。在信号系统建设过程中，提高信号工程施工的质量水平，保证铁路在安全、高效的环境下运行，就成为铁路施工的重点。

1.2　高速铁路信号系统的工程特点

（1）施工周期短、任务重。

（2）工程质量、工艺要求高。

（3）设备种类多，安装周期长。

（4）交叉施工多，施工易受限。

（5）部分地区施工受地形和气候影响大。

（6）调试配合涉及面广，专业多，系统多，工作量繁重。

1.3　高速铁路信号系统的基本组成

高速铁路信号系统由调度集中系统（CTC）、列车运行控制系统（CTCS）、车站联锁系统（CBI）、信号集中监测系统（CSM）、电源系统等构成。信号系统构成图如图 1—1 所示。

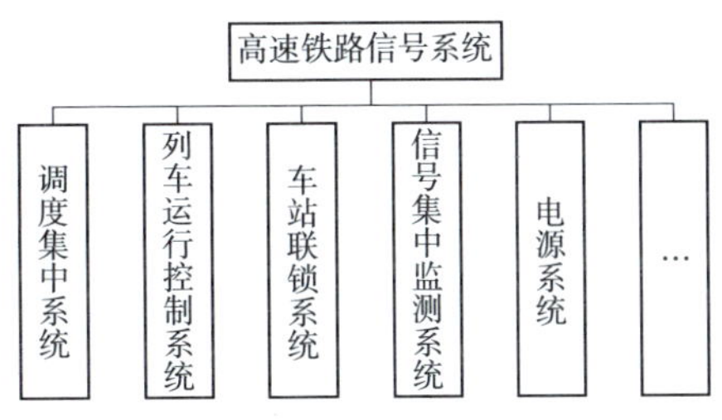

图 1—1　信号系统构成图

其中，列车运行控制系统又由地面和车载设备两大部分构成，主要包括无线闭塞中心（RBC）、临时限速服务器（TSRS）、列控中心（TCC）、ZPW-2000 轨道电路、应答器及电子编码单元（LEU）、GSM-R 无线通信系统、车载 ATP 设备等。

第 2 章　高速铁路信号工程施工流程

2.1　施工内容

高速铁路信号工程施工内容包括施工定测、线把预配、电缆敷设、箱盒安装、电缆成端及配线、信号机（信号标志牌）安装及配线、转辙设备安装及配线、轨道电路设备安装及配线、应答器安装及配线、室内设备安装及配线、室内模拟试验、设备单项调试、系统联锁试验等。

2.2　施工总体流程图

首先施工准备阶段包括施工现场调查及定测，编制备料计划及工机具准备，然后与设备管理单位沟通，预制满足要求的设备基础及预配线把，在满足施工条件时室内室外施工可同步进行。具体的信号工程施工流程图如图 2—1 所示。

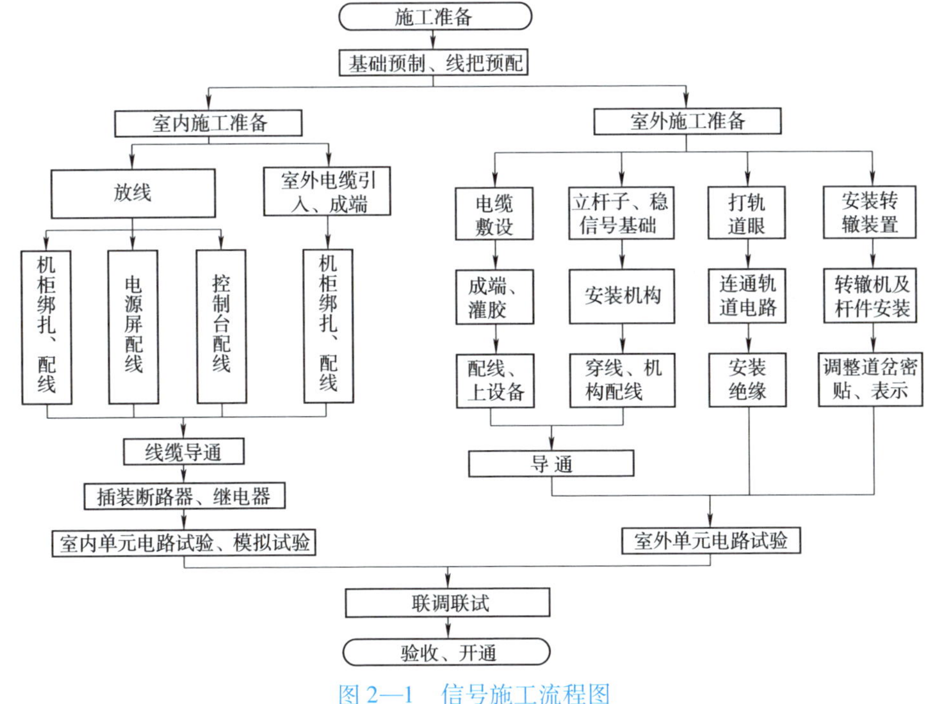

图 2—1　信号施工流程图

第 3 章　施 工 准 备

3.1　技术准备

3.1.1　工艺概况

施工准备工作不仅是指开工前的准备工作，它贯穿于高速铁路信号工程的全过程，在事前、事中以及事后都发挥重要的作用。技术准备工作是否充分，将对整个工程施工能否顺利进行有着直接的影响。就工程技术人员来说，需要对各种图纸进行核对，对不清楚的地方积极咨询设计单位，以全面了解每一个细节。在铁路信号工程施工开始之前，技术人员还需要掌握各种设备的情况，并对施工人员进行技术交底，同时还需要将施工作业单放在相应的设备上，要求施工人员必须按照工作单上的要求进行作业。只有做好充足的准备工作，才能为施工的顺利开展奠定基础。

施工准备工作主要包括核对设计文件、施工调查复测、编制施工组织原则、施工预算及用料计划、与有关单位签订施工配合协议等。

3.1.2　施工前提条件

（1）施工图纸齐全。

（2）土建单位车站主体结构完成。

（3）工程部技术人员已进行技术交底及安全技术交底。

3.1.3　核对设计文件

1. 设计文件的组成

设计文件是施工的依据，分为初步设计、技术设计、施工图设计，设计文件是指施工图设计文件，主要有以下 3 个内容：

（1）说明文件——设计审批意见、设计说明、施工和维修注意事项。

（2）附件——工程数量表、设备及主要材料数量表、协议纪要公文。

（3）图纸——平面、设备布置、电缆布置、电路图配线图等。

2. 核对设计文件

1）文件完整、图文清楚。

2）施工图应达到设计说明书规定的技术条件：

（1）核对设计文件中的技术要求，查阅有关标准图册文件作为参考。

（2）施工图应与标准图相符。

3）核对设计文件中的工程量、设备与主要材料的规格数量：

（1）统计工程中所列工程、设备等数量。

（2）查阅施工定额核对主要材料数量。

（3）施工图纸与设计文件给出的数量是否合适。

4）核对概算各项费用和费率：

（1）了解工程性质（新建、大修或技改）及工程地点。

（2）概算编制办法确定工程的费用、费率，根据地点确定工费标准。冬季、雨季施工增加费。

（3）临时设施费用（例如过渡设施料库等）。

5）工程中采用的新技术、新工艺、新产品是否鉴定或有相应的批准文件及相应的说明。

6）核对施工图纸有无遗漏和错误：

（1）电路图与标准图相符，重点核对零散电路接点的使用情况。

（2）配线图与电路图是否相符。

（3）电缆配线图与设备安装图应一致准确。

（4）施工现场调查、定测结果是否与施工图纸一致。

3.1.4 施工现场调查与施工定测

1）定测前施工单位应进行现场调查，熟悉现场并确定设备进场路径，记录发现的问题，及时向设计或有关部门提出。

2）定测的主要内容：

（1）核对前期工程的实际情况与图纸是否一致：主要线路、桥隧、站台、站房等工程完成情况及对信号施工影响。

（2）信号楼、线路位置（道岔类型是否与设计相符、铺设到位否）坐标是否准确。

（3）电缆路径复测。

（4）避免酸碱腐蚀地带、坚石流沙、污水坑等地带。

（5）过障碍时定好防护措施。

（6）在地面信号机、转辙机、方向盒、过轨、变压器箱等设备安装处作标记。

3.1.5 编写施工组织文件

高速铁路信号工程施工需要制定严密的施工方案。首先，要建立严格的责任制度，确保施工单位的管理人员有明确的责任，能够保质保量地完成高速铁路信号工程的施工，并达到高速铁路信号项目的目标与应有的标准。只有这样高速铁路信号工程施工才能拥有明确的目标方向，使得施工进度有据可循。

施工组织编写原则：

1）根据施工合同及设计文件，结合本单位人员构成和机械设备技术情况，编制出完成施工任务的施工组织。

2）施工组织的内容：

（1）工程概况：社会人文、自然、地理位置、建设单位、设计单位、合同工期、联系人等。

（2）工程项目分布图：便于直观了解工程概况。

（3）主要工程数量及经济指标。

（4）组织结构：人员指挥系统（劳力、机械、仪器配备、施工任务划分）。

（5）施工进度表整体工程中各专业的配合及本专业各衔接可以划出施工进度横道图，说明各专业、工序的起止时间、主要工程数量、劳力的投入，控制工程进度的关键路线，也可用网络图标示。

（6）施工设备、材料的供应进度及运输方法。

（7）采用的施工技术标准和验收标准：

①应满足建设单位或接管单位达成的其他技术要求。

②采用的新技术、新工艺的特点要求。

③工程质量的保证体系、创优规划等（自检、班组检验、质检员检、监理工程师检）。

（8）安全生产的措施。

3.1.6　施工准备阶段的过程控制

首先，在准备阶段要充分做好设计图纸的审核工作，及时发现图纸中的错误或不足，从而在最短的时间内提出合理的整改方案，并仔细研究每一个细节，对可能出现的问题做出预判，以保证施工能够顺利进行。另外，还需要对施工现场进行反复的调查与施工定测和复测，组织相关的技术人员针对设计图纸中设备的位置与电缆径路进行反复测定与核对，并做出相应的标记为后期的施工提供依据。在施工前，做好充分的准备工作，能够很大程度上减少故障的次数，并降低事故发生的概率。只有做好充足的准备工作，才能为施工的顺利开展奠定基础。

3.2　编制备料计划书及工机具准备

3.2.1　工艺概况

工程备料计划是指为完成工程建设要求，需要消耗的构成工程实体的物资（包括材料和设备）的准备计划。高速铁路信号工程项目施工中，适用于施工措施的施工机械、运输设备、仪器仪表、大型工具等，应按照《工程项目资源需求计划》申报。但是，应一次性在项目列销的小型工器具和辅助材料（如：钢锯条、助焊剂等）也应在《工程备料计划》中提报。

3.2.2　编制前提条件

1. 依据内容

编制依据主要包括：建设工程承包合同、设计文件（含图纸），施工组织设计、技术图纸、公司物资价格通报、物资消耗定额等内容，以及施工工艺、验收标准、现场定测纪要和测量记录、相关协议等基础性资料。

2. 依照侧重点

（1）建设工程承包合同：全面依据、供应方式依据；

（2）施工组织设计和施工方案：时间节点依据、技术措施和施工工艺依据；

（3）设计文件：技术标准依据；

（4）设计概算和投标书、现场定测纪要和测量记录：工程数量和物资价格的主要依据；

（5）施工图设计图纸（含变更设计图纸）、定型图：品名组成、规格型号、数量组成的主要依据；

（6）物资消耗定额：数量消耗计算的主要依据；

3.2.3 编制方法

1. 方法步骤

（1）根据实际编制详细预算。

（2）以详细预算生成工料机表。

（3）以工料机表生成自然序号备料计划（草稿）。

（4）然后对自然序号备料计划分类、分节，节内排序。

2. 编制详细预算的注意事项

1）应以各专业预算定额规定工作项目为基本单位，先编制《工程数量表》，再利用《铁路基本建设工程设计概（预）算编制办法》（TZJ 1001—2017）配套软件编制详细预算。在《备料计划》审核时，应同时附报《工程数量表》。

（1）技术人员在拿到施工图纸后，要仔细研究，正确理解设计意图，并进行图纸会审，发现图纸存在的差、错、碰、漏等问题，反馈设计人员，请设计给予解释。

（2）各专业预算定额不包含的项目，应以补充编号予以补充。

（3）应充分注意各专业预算定额的单项预算定额组成，工艺或结构形式变更时，应以补充编号修改。

（4）建筑工程特别是线路工程（光电缆、架空线）的主辅材料都应该以现场测量记录为准，各专业预算定额的内容仅供参考。

2）《工程数量表》应由技术主管提供，详细预算可由预算主管操作，技术主管复核。

3）详细预算可以作为工程造价的参考。

3.2.4 编制要求

工程备料计划的管理必须坚持“及时、完整、准确、统一规范和动态管理”的基本原则。

（1）及时性。《工程备料计划》须在定测后7天内编制、审批完成。

（2）完整性。《工程备料计划》必须完全包括主要物资（材料、设备）、辅助物资、中间物资和回收物资。

（3）准确性。消耗件名、品种（项目）、物资名称、规格、型号、数量、单价、合价、供应性质（甲供、甲控、自购、利库、利旧、自制加工、地材等）、重量（笨大物资的重量），都必须符合设计、规范和消耗定额，都必须统计计算准确。

（4）统一规范。《工程备料计划》的格式和审批申报程序，必须符合规定，做到格式统一、程序统一、编制规范。

（5）动态管理。《工程备料计划》管理，必须坚持快速响应的工作要求，积极利用计算机软件管理和网络化管理；根据情况变化、按照规定程序及时做好“追加、补充、删减、变更、代用”等管理工作，实现《工程备料计划》的动态管理，推动管理进步。

3.2.5 内容要件

内容包括卷次内容、审批内容和详细内容。

1. 卷次内容

件名、编号、次别、性质等内容。

2. 审批内容

编制人、审核人、批准人、受理人、日期等内容。

3. 详细内容，指计划的详细组成。

由供应类别、详细项目和备注说明等组成。

（1）供应类别包括：甲供、甲控、自购、利库、利旧、自制加工、地材等。

（2）详细项目包括：序号、物资名称、规格型号、单位、数量、单价、合价、总价、到货时间、到货地点等。

（3）备注说明：价格注明、产地注明、重量及外形尺寸注明等。

3.2.6 工程备料计划的主要用途

（1）工程备料计划是项目物资供应的依据。工程项目物资准备和供应的基本依据，就是《工程备料计划》。其时效性，关系到物资供应的及时性；其准确性，关系到物资供应的准确性。

（2）工程备料计划是项目成本控制的依据。工程项目的物资消耗成本，是工程项目的主要成本，占工程项目总成本的60%以上。因此，物资消耗成本是工程项目成本控制的重点，而工程备料计划是最为直接的物资消耗成本控制依据。

（3）工程备料计划是工程成本归集的重要参考。工程项目的成本归集工作中，往往受制因素较多，其完整性和及时性的实现困难也多；而系统完整准确的工程备料计划，将是各个工程件名成本归集的重要参考资料。

（4）工程备料计划是成本分析和经济活动分析的依据。无论是月份成本比对，还是季度经济活动分析，物资消耗率、损耗率和回收率都是最为重要的分析指标。

（5）工程备料计划是调概索赔和项目清算的重要参考。概算外消耗的物资是项目调概索赔的重点，项目清算中清理物资采购成本和债权债务也是重点，在这些工作中工程备料计划都是重要参考资料。

（6）工程备料计划是项目审计的重要基础性资料。

第 4 章　电 缆 工 程

4.1　电缆测试

4.1.1　施工前提条件

1. 内业技术准备

在开工前组织技术人员认真学习实施性施工组织设计，阅读、审核施工图纸，澄清有关技术问题，熟悉规范和技术标准。制定施工安全保证措施，提出应急预案。对施工人员进行技术交底和上岗前安全技术培训。

2. 外业技术准备

（1）电缆型号、规格数量核对完成。

（2）测试仪表、工具经检验合格。

（3）测试记录表格准备完毕。

4.1.2　施工方法

1. 施工流程

施工准备→开剥电缆，确认 A、B 端→绝缘测试→直流电阻测试，不平衡电阻计算→电容测试→电缆封端→清理现场。

2. 施工工艺

（1）开盘检验电缆端面，确定 A、B 端。

（2）对号检查所有芯线有无断线、混线等问题。

（3）测试信号电缆单盘主要电气特性应符合要求，并记录检测内容。

3. 施工要求

1）施工准备

（1）检查电缆盘进场外包装及电缆外观，并填写电缆检查记录表。

（2）将每盘电缆产品合格证收集、整理、保存。

（3）对电缆进行统一编号，并标注在电缆盘两侧。

2）电缆剥头

（1）将电缆盘外端电缆开剥，长度为 150～250 mm。

（2）将电缆盘内端电缆开剥，长度为 60～100 mm。

3）确认端别，标 A、B 端

确认电缆端别的方法：面对电缆端头，红、绿、白、蓝四芯组扎纱色标按顺时针方向排列的为 A 端；逆时针方向排列的为 B 端。在电缆盘明显位置标注电缆盘外端的电缆端别并作记录，当电缆外端别为 A 端时，标写“外 A”字样；当电缆外端别为 B 端时，标写“外 B”字样。

4）绝缘电阻测试

（1）将电缆外端所有的芯线、钢带、铝护套、内屏蔽层及排流线用一端带有鳄鱼夹的导线连接，连接后接到高阻计（或兆欧表）测试端。

（2）从连接后的电缆芯线中任意取出一根与高阻计（或兆欧表）的另一个测试端连接。

（3）将电缆盘内端电缆的芯线全部开路。

（4）进行单根芯线对其他芯线及金属护层的绝缘电阻测试。

（5）测试后的电缆芯线与未测试芯线应相互分开。

（6）全部芯线测试完成后，芯线应对地放电，填写测试记录。在电缆盘上做已测试的标识，并对测试仪表进行校核。图 4—1 为绝缘电阻测试示意图。

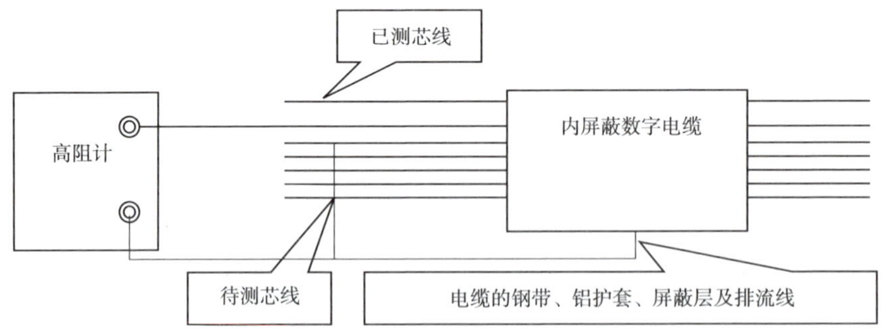

图 4—1　绝缘电阻测试示意图

5）直流电阻测试

将待测芯线的两端分别连接到直流电桥的测试端子，测量电阻值，如图 4—2

所示，并填写测试记录。全部测试完成后在电缆盘上做已测试的标识，并对测试仪表进行校核。

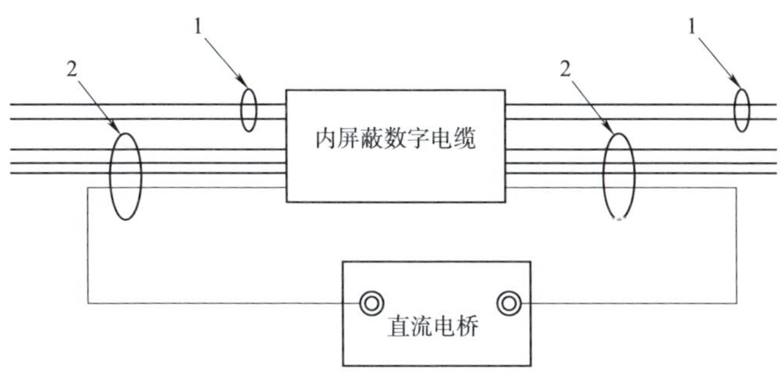

图 4—2　直流电阻测试示意图

注：1—普通信号电缆芯线；2—数字四芯组

6）工作线对导体电阻不平衡

（1）工作线对导体电阻不平衡是指数字四芯组内每个工作线对的电阻不平衡。即：在一个数字四芯组内，红、白芯线为 1 个工作线对，蓝、绿芯线为 1 个工作线对。

（2）根据芯线直流电阻测试值，计算工作线对导体电阻不平衡值并记录。

（3）工作线对导体电阻不平衡值为：工作线对两根导体的电阻之差的绝对值与其电阻之和的比值。

7）工作电容测试

测试数字四芯组工作线对的电容。即：在一个数字四芯组内，分别对红、白芯线工作线对和蓝、绿芯线工作线对进行测试。图 4—3 为工作电容测试示意图。

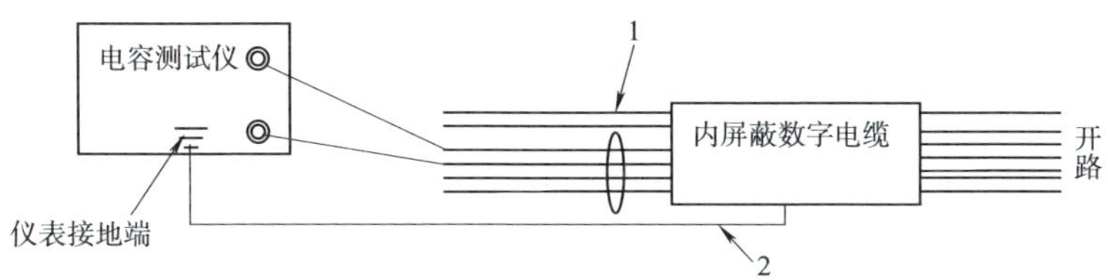

图 4—3　工作电容测试示意图

注：1—屏蔽四芯组；2—电缆的钢带、铝护套、屏蔽层及排流线

（1）将电缆盘内端电缆的芯线全部开路。

（2）将电缆盘外端电缆的钢带、铝护套、全部屏蔽层及排流线用一端带有鳄鱼夹的导线连接，连接后接到测试仪表的接地端。

（3）将电缆外端头任意一组内屏蔽四芯组的红、白线对或蓝绿线对连接到电容测试仪的测试端子上。

（4）测试电容值、填写测试记录。

（5）测试全部完成后在电缆盘上做标识，表示测试结束。

8）电缆封端

（1）用钢锯将电缆测试端整齐锯断，去掉已开剥的部分。

（2）用砂布条将电缆端头外护套 100 mm 部分打磨干净，将与电缆外径相适合的热缩端帽套在电缆端头上。

（3）用喷灯对热缩端帽均匀加热，当热缩端帽均匀的包裹在电缆上且热熔胶流出后停止加热。

（4）待热缩端帽冷却后，将电缆端头绑扎固定在电缆盘上。图 4—4 为电缆封端示意图。

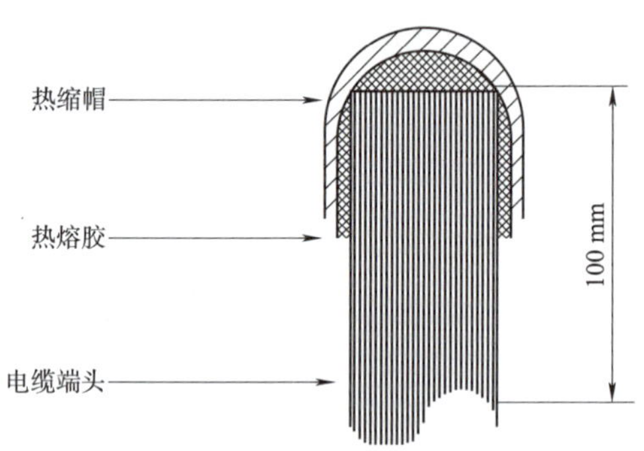

图 4—4　电缆封端示意图

9）施工完毕，清理现场。

4. 劳动组织

人员配备见表 4—1。

表 4—1　人员配备表

序　号	岗　　位	人　　数	职　　责
1	施工负责人	1	施工组织
2	技术员	1	现场技术负责
3	信号工	3	具体施工

5. 材料要求

电缆型号规格符合设计要求，且产品合格证和出厂检验报告等资料齐全，电缆样品已经过相关检测机构检验，产品各项数据合格。

6. 工机具配置

工机具配置见表 4—2。

表 4—2　工机具配置表

序　号	名　　称	规格型号	单　位	数　量	备　　注
1	数字万用表	Fluke17B +	块	1	
2	数字微欧计	K1951	块	1	
3	高阻表	QZ2B	块	1	
4	数字电桥	TH2821	块	1	
5	钢　锯		把	2	
6	喷　灯		个	1	
7	小工具		套	2	

4.1.3　质量控制

(1) 所用仪表符合规范要求，经检验合格。

(2) 检查电缆外观有无挤压、刮伤。

(3) 阴、雨、雪天气禁止进行电缆测试。

(4) 开剥电缆时，防止损伤电缆芯线。

(5) 电缆测试完后立即将电缆两端用热缩冒封好。

4.1.4　安全措施

(1) 施工人员移动电缆盘时配备足够人力，由专人指挥，移动前确认地势，根据地势做好防止电缆盘滚动措施，电缆盘移动后采取制动措施。

（2）测试人员离场时仔细检查现场，做好电缆盘防止滚动处理。

（3）注意喷灯使用，防止火灾发生，配备灭火器材。

4.1.5 环保措施

作业完毕，应对施工区域环境进行清理，做到工完、料净、场地清。

4.1.6 建设效果及施工图片

施工图片如图 4—5 所示。

图 4—5 电缆测试图

4.2 电缆敷设与防护

4.2.1 施工前提条件

1. 内业技术准备

在开工前组织技术人员认真学习实施性施工组织设计，阅读、审核施工图纸，澄清有关技术问题，熟悉规范和技术标准。制定施工安全保证措施，提出应急预案。对施工人员进行技术交底和上岗前安全技术培训。

2. 外业技术准备

电缆敷设前，应严格按照程序对土建等相关工程施工的接口、作业面验收交接，并检查是否具备进场条件：

（1）桥、隧、路基地段，同一区间的电缆槽及衔接部分的槽道已同步建成并贯通。

（2）同一区间预留的手孔（井）已完成，过轨管道与手孔（井）之间已连通，预留钢丝并保持管道畅通。

（3）桥、隧、路基地段，经过手孔、水沟、路堑、边坡到设备房电缆井的电缆槽、管道应贯通，并在路基、护坡形成前已完成。

（4）站台电缆槽及出口与相关通道同步建成并贯通；车站站台电缆槽至机械室电缆间的引入槽道（或防护钢管）已同步形成。

（5）中继站电缆井应排水良好。

（6）桥梁上预留的锯齿孔、电缆槽用爬架滑道齐全。

（7）信号设备房屋楼层间电缆爬架已完成。

（8）电缆配盘及敷设时，确认电缆规格、型号、长度符合设计要求。

（9）已完成电缆单盘测试。

4.2.2 施工方法

1. 施工流程

施工准备→电缆运输→沟槽清理→核对型号、端别→电缆敷设→电缆防护→沟槽恢复→清理现场→施工完成。

2. 施工工艺

（1）电缆敷设前，应制作电缆敷设断面示意图，规划电缆敷设顺序，避免电缆出现交叉。

（2）敷设电缆时应设专人指挥，配备通信工具，工程线配备驻站联络员及现场防护人员。

（3）再次确认电缆芯数、型号、端别。

（4）为了防止电缆进水受潮，电缆端头应及时进行密封处理。

（5）电缆敷设完毕后，在电缆的始端和末端分别做好临时标识，注明电缆编号及去向。

（6）电缆敷设完毕后应及时填写相关资料。

3. 施工要求

1）电缆敷设方式，应符合设计及定测要求。

（1）电缆敷设时再次确认电缆规格、型号、长度和端别。

（2）干线电缆线路应敷设在信号专用预留槽道。

（3）支线电缆线路应敷设在预留管（槽）中，无预留管（槽）的支线电缆应采用防护管（槽）防护。

（4）电缆敷设前应清除电缆槽内的石块和杂物，电缆槽底部应平整无杂物，电缆布放应排列整齐。

（5）非耐寒电缆在环境温度低于 -5 ℃、耐寒护套电缆在环境温度低于 -10 ℃敷设时，应采取加温措施。

2）信号电缆敷设时应满足下列要求：

（1）电缆绝缘外护套应确保完整。

（2）综合护套信号电缆弯曲半径不得小于电缆外径的15倍，内屏蔽数字电缆弯曲半径不得小于电缆外径的20倍，应答器数据传输电缆弯曲半径不得小于电缆外径的20倍，应答器尾缆弯曲半径不得小于电缆外径的10倍，以上电缆均不得出现背扣、直角弯现象。

（3）区间敷设电缆时，电缆按照应答器电缆、轨道接收电缆、信号机电缆、轨道发送电缆从槽道线路侧向外侧依次排列。站内电缆敷设时，原则上按照距信号楼由远及近电缆从槽道线路侧向外侧依次排列，电缆较多需分层排列时，距信号楼远的电缆敷设在上面。因站前槽道未提前预留等原因不能满足以上情况时应分束、分类进行排列避免电缆交叉。

（4）电缆敷设完成后，每5 m绑扎一次，站内电缆每50 m悬挂一个电缆标识牌，区间电缆每100 m悬挂一个电缆标识牌。

3）室外储备电缆的处理应符合下列要求：

（1）主干电缆采用直埋方式时每端余留长度不应小于2 m，采用电缆槽道敷设方式时，路基地段，在设备处留足一次做头余留长度，桥梁、隧道地段不做预留，50 m以下的分支电缆可不做余留。

（2）室外电缆进入室内的余留长度不得小于5 m。

（3）电缆接续采用地下接续方式时，电缆的地下接头应水平放置，备用量长度不少于2 m，按“Ω”字形平放埋设，接头两端300 mm内不得弯曲。

（4）路基地段电缆槽外设备处余留电缆应成“Ω”形或“U”形布放，轨道用数字电缆和应答器电缆严禁盘成闭合圈。

4）箱盒内电缆、室内电缆拐弯及室内二次成端处应有电缆标识牌，注明型号、用途、去向、长度、芯数及备用芯数。电缆标识牌全线采用统一材质，且电缆标识牌不得手写。电缆标识牌如图4—6所示。

图4—6 电缆标牌示意图

5）电缆防护施工应该满足下列要求：

（1）防护管内径应大于电缆堆积外径1.5倍，防护管管口两端用麻袋片进行防护。检查维护井（手孔）的管口应用泡沫填充剂或麻袋片防护。综合管线的电缆槽道内不应采用填砂封堵。

（2）桥上电缆槽引出的外露电缆、路基地段电缆槽至箱盒的电缆，应采用防护套管进行防护。防护套管应自然弯曲并符合电缆弯曲半径的要求。

（3）信号电缆与电力电缆应进行物理隔离。在电缆井内敷设电缆时应将信号（通信）电缆挂在电缆井一侧的内壁上，电力电缆挂在电缆井另一侧的内壁上，分开敷设，如图4—7所示。

（4）信号电缆穿越路基地段防水层时，应在防水层下采用镀锌钢管进行防护，施工后恢复路基表面防水层。当铺设信号分支电缆（含应答器尾缆）与土建工程同步施工时，需采用在路基铺防水层前预先埋入钢管，钢管埋入路基沥青防水层以下。若站后施工在后，需要采取切除部分沥青层，并将钢管敷设在防水层下，施工完毕后尽快恢复路基表面防水层。由站前及站后单位配合

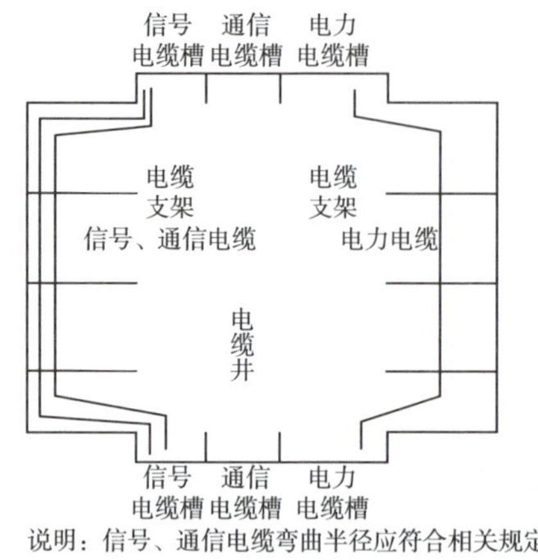

图 4—7 电缆井内信号电缆敷设示意图

实施。

(5) 信号电缆在跨越电力电缆时，信号电缆应采用钢管防护。电力电缆跨越信号电缆交叉时，电力电缆应采用钢槽防护。

6) 电缆上、下桥固定与防护应符合下列要求：

(1) 从伸缩缝预留锯齿孔沿桥墩至地面的钢槽，厚度不应小于 2 mm，并采用热镀锌处理。

(2) 在桥体和桥墩预留滑道时，应用 T 形螺栓将钢槽和过渡箱与桥体和桥墩固定；在桥体和桥墩没有预留滑道时应用化学锚栓固定。

(3) 两桥梁间的过渡箱连接处应采用活动搭接方式，活动搭接面应不小于 50 mm。每个过渡箱下部应增加排水管，以便积水排除。

(4) 梁体上的电缆槽与桥墩上电缆槽连接时，应留有 5 ~ 10 mm 的间隙。

(5) 锯齿孔与过渡箱间、过渡箱与电缆槽间、梁体与桥墩间的电缆槽应平缓连接，其弯曲半径应符合电缆弯曲半径的要求。

(6) 钢槽在地面以下部分埋深不得小于 500 mm，地面以上的电缆槽外部应砌砖防护，高度不应小于 2 000 mm。

(7) 槽内电缆应分段固定，固定间距不大于 1 500 mm。

(8) 电缆槽入地后与信号电缆室间采用直埋，并用水泥电缆槽倒扣防护。

(9) 电缆下桥锯齿孔处，在电缆槽内加装半圆形支撑，保证电缆弯曲半径及固定电缆。

7）信号电缆敷设在高边坡、深路堑地段时，应采用电缆槽或钢管防护。电缆敷设在桥梁外侧时，应采用钢槽防护。信号电缆跨越涵洞顶部时，应采用电缆槽或钢管防护，钢管外部应采用砖砌混凝土包封。

8）电缆通过桥梁接缝处时，应在电缆槽道断开处增加电缆槽防护。在槽道间落差处敷设光电缆时，应采取防护措施，避免光电缆悬空或受力。

9）电缆穿越防护墙、人（手）孔时，管口应用泡沫填充剂或麻袋片防护。防护墙至设备箱盒的引出电缆，应采用防护管防护，并固定。

10）从道岔融雪装置电气控制柜到隔离变压器的电力电缆应敷设在专用电缆槽内。当条件不具备时，电力电缆可敷设在信号电缆槽内并加砖砌体进行隔离，特殊情况下可采用钢槽防护。

11）电缆槽引出的电缆应用软管进行防护。

12）电缆穿越水沟、桥涵、轨道、公路时，应采用钢管（槽）防护，防护管（槽）两端伸出部分不得小于500 mm，防护管（槽）不得拐直角弯，与地面垂直夹角为120°～145°，埋入地下部分不少于500 mm。钢管（槽）埋深不得少于800 mm。

4. 劳动组织

人员配备见表4—3。

表4—3　人员配备表

序　号	岗　　位	人　　数	职　　责
1	施工负责人	1	施工组织
2	技术员	1	现场技术负责
3	防护员、驻站联络员	4	安全防护
4	信号工	3	具体施工

5. 材料要求

电缆型号规格符合设计要求，无损伤、性能测试合格。

6. 工机具配置

工机具配置见表4—4。

表 4—4　工机具配置表

序　号	名　　称	规格型号	单　位	数　量	备　　注
1	电缆支架	2t	台	2	
2	滑　轮	按需求配置	个	若干	
3	钢　锯		把	2	
4	喷　灯		个	1	
5	头　灯		个	若干	
6	防护用品		套	4	
7	小工具		套	2	

4.2.3　质量控制

1. 材料控制

电缆在敷设前按照设计图纸复测，确认电缆规格型号。

2. 过程控制

（1）严格执行工序标准，合理组织人员，防止出现拉伤、背扣现象。放入沟槽的电缆平顺不交叉，不背扣，弯曲半径、备用量满足要求。

（2）保证防护管、电缆封端热缩套管、油浸麻袋片、管口防护套的正确使用。

（3）电缆防护应符合验标要求。

4.2.4　安全措施

（1）电缆装卸应采用叉车、吊车等专用装卸机械，由专人负责统一指挥。注意装卸过程中电缆的防护工作和作业人员安全。将电缆盘在车厢内利用支撑、防滑桩、钢绳等固定好。

（2）电缆要放置在平稳地段，并利用三角木等防滑物品将电缆固定。

（3）施工地点应设警示标志，隧道内施工应设警示灯。

（4）施工中使用的机具应安放平稳、牢固。

（5）施工点应设专职安全员负责现场安全工作。

（6）开挖沟槽无法恢复需过夜的，应设警示标志，必要时派人看守。

（7）高架桥防护栏未安装时，敷设电缆作业人员应走在防撞墙内侧。

（8）在电缆敷设过程中需转弯、穿越障碍时，要有专人看守，以免电缆损伤。

（9）敷设后的空电缆盘，应将电缆盘横倒以免滚动伤人。

（10）高处作业必须正确佩戴安全带。

4.2.5　环保措施

作业完毕，应对施工区域环境进行清理，做到工完、料净、场地清。

4.2.6　建设效果及施工图片

建设效果及施工图片如图4—8所示。

图4—8　电缆敷设效果图

4.3　电缆接续

4.3.1　施工前提条件

1. 内业技术准备

在开工前组织技术人员认真学习实施性施工组织设计，阅读、审核施工图纸，澄清有关技术问题，熟悉规范和技术标准。制定施工安全保证措施，提出应急预案。对施工人员进行技术交底和上岗前安全技术培训。

2. 外业技术准备

（1）接续人员须经过严格培训，考试合格后持证上岗。

（2）确认电缆接续端头，分别为 A、B 端。

（3）雨、雪天气以及环境温度不符合电缆施工要求时，不能进行电缆的地下接续。

4.3.2 施工方法

1. 施工流程

施工流程如图 4—9 所示。

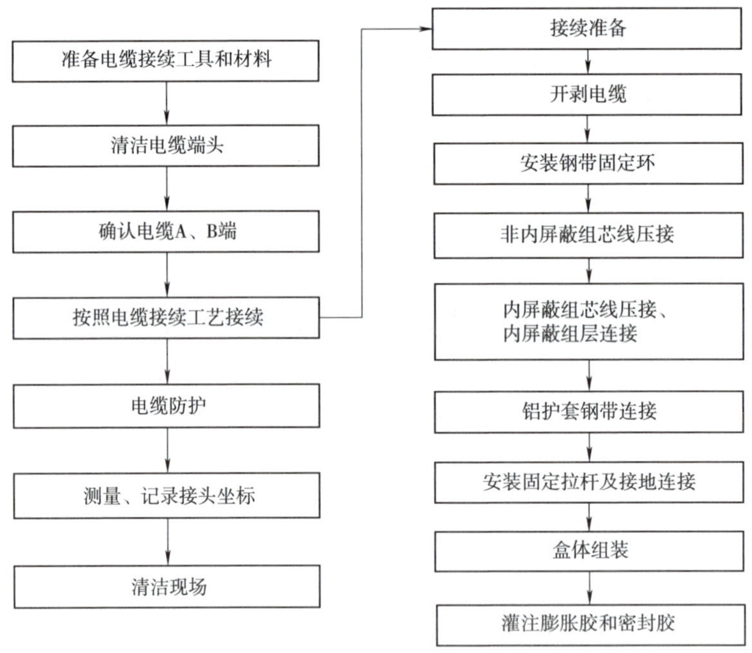

图 4—9 电缆接续施工流程图

2. 施工要求

（1）电缆接续采用透明免维护接续盒（须填充透明封胶）或箱盒接续，直埋地段采用箱盒接续。

（2）电缆接续采用地下接续方式时，接续处必须砌筑方形接续电缆井。电缆的地下接头应水平放置，备用量长度不少于2 m，按“Ω”字形平放埋设，接头两端300 mm内不得弯曲。

（3）各种扭绞信号电缆在进行接续时，应A端与B端相接，相同芯组内相同颜色的芯线相接。

（4）电缆穿越铁路、公路、便道时，在距铁路、公路、便道边缘的2 m内不得进行地下接续；在距地下热力、煤气及燃料管道2 m范围内不应进行电缆地下接续。

（5）同一地点的地下电缆接续盒应错开1～2 m，接续盒应水平放置在电缆槽内，备用电缆采用波浪状（S形）圆滑的放置于电缆槽内。

（6）应答器数据传输电缆需经现场定测后按实际长度整盘订购，一般情况下不允许在室外接续，仅当长度超过2 000 m时，可采用接续，且接续点不能超过1处。

（7）原则上干线电缆应配盘生产，尽量减少接头数量。电缆敷设前，应根据电缆实际使用长度进行合理配盘，减少电缆接续。电缆接续长度不得小于300 m。

（8）电缆接续处应设“电缆接续”标识（“电缆接续”字样及接头编号：字体为黑体，高60 mm，宽40 mm，白底黑字），路基地段标写在接续处的电缆槽盖板上，桥梁地段标写在接续处的防撞墙（挡砟墙）上，隧道地段标写在接续处的隧道壁上，直埋地段应有电缆接续标。电缆接续标识使用不锈钢标识牌，注明“电缆接续”字样和接续编号、芯数、用途、长度、电缆型号、电缆号、公里标。电缆接续标应喷涂“电缆接续”字样和接续编号、芯数、用途、长度、电缆型号、电缆号、公里标。

（9）信号电缆接续完毕，应及时进行芯线导通和芯线对地、芯线间绝缘电阻值的测试，然后按规定填写接续卡片，并作为工程资料验交。

（10）接续点必须在竣工图（包括临时竣工图）上标明接续编号、公里标。

（11）已敷设信号电缆因外界原因被砸伤，经电务段现场配合人员确认后，可采用免维护电缆接续盒进行处理。

3. 劳动组织

人员配备见表4—5。

表 4—5 人员配备表

序号	岗位	人数	职责
1	技术员	1	现场技术负责
2	防护员	1	安全防护
3	信号工	3	具体施工

4. 材料要求

接续材料符合电缆接续标准，接续用工具配置齐全。

5. 工机具配置

工机具配置见表 4—6。

表 4—6 工机具配置表

序号	名称	规格型号	单位	数量	备注
1	钢锯		把	2	
2	端子冷压钳	OHS-5021	把	1	
3	接续材料		套	2	备用 1 套
4	防护用品		套	1	
5	小工具		套	2	

4.3.3 质量控制

（1）电缆接续时需有技术负责人在场，并且要有质检人员在场监督实施。

（2）电缆的地下接头应水平放置，接头两端 300 mm。

（3）电缆的备用量应盘成“S”形或“Ω”形（即不得呈闭合圈），并集中放在接头的一端，长度不得小于 2 m。

（4）接续后，接头盒应密封良好。

4.3.4 安全措施

（1）电缆接续时严禁剥伤电缆外皮，作业人员佩带好防护用品，以防损伤作业人员身体。

（2）电缆地下接续时，地下电缆接头应用电缆槽进行防护，防护长度不少于 1 m。

（3）电缆接续隐蔽后应在接续位置按照要求埋设标石并在竣工图纸上作好记录。

4.3.5　环保措施

作业完毕，应对施工区域环境进行清理，做到工完、料净、场地清。

4.3.6　建设效果及施工图片

建设效果及施工图片如图 4—10 所示。

图 4—10　电缆接续施工图

4.4　电缆成端

4.4.1　施工前提条件

1. 内业技术准备

在开工前组织技术人员认真学习实施性施工组织设计，阅读、审核施工图纸，澄清有关技术问题，熟悉规范和技术标准。制定施工安全保证措施，提出应急预案。对施工人员进行技术交底和上岗前安全技术培训。

2. 外业技术准备

（1）根据设计文件现场复核箱盒处电缆规格、数量、箱盒与图纸一致。

（2）已经完成的首件定标。

（3）已敷设电缆电气特性测试合格。

（4）箱盒、基础已完成到货检验。箱盒安装的辅助材料准备完毕。

（5）成端制作的辅助材料、冷封胶准备完成。

4.4.2 施工方法

1. 施工流程

施工准备→电缆做头→屏蔽连接→电缆及地线固定→灌注冷封胶→挂电缆去向铭牌→清理现场。

2. 施工方法

1）电缆做头

（1）电缆穿入保护管和密封套后，用棉纱清洁电缆做头部分外护套。

（2）使用电缆刀开剥电缆外护套，长度满足箱盒配线要求。

（3）用钢锯割切钢带、铝护套及内屏蔽层，切割口距电缆外护套端口的长度分别为 10 mm、20 mm 和 60 mm，电缆做头示意如图 4—11 所示。

（4）安装防水胶圈、固定片、电缆固定卡箍并锁紧。

（5）用砂纸将铝护套和钢带打毛。

（6）去除 25 ~ 30 mm 内屏蔽层上绝缘层，将屏蔽压接管内衬管置于电缆芯线与屏蔽层间，再将外部压接管置于屏蔽层外。

电缆做头如图 4—11 所示。

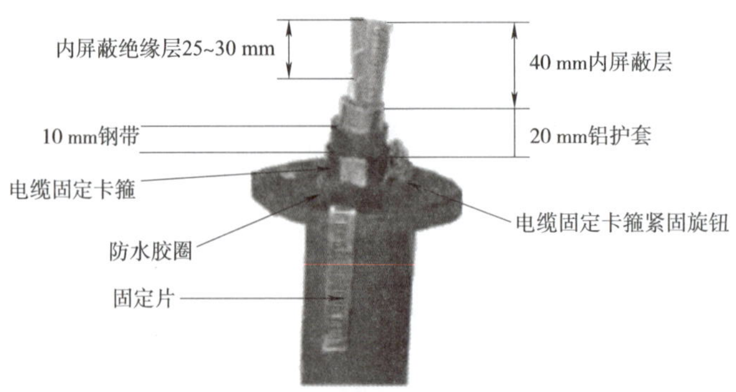

图 4—11 电缆做头示意图

2）屏蔽连接

（1）钢带、铝护套的屏蔽连接。钢带和铝护套分别用 U 形屏蔽连接夹固定牢固，按环接方式引出两根截面积为 1.5 mm^2 的扁平铜网或 7 ×0.52 mm^2 多股芯线作为屏蔽引出线，图 4—12 为钢带、铝护套屏蔽连接示意图。

图 4—12　钢带、铝护套屏蔽连接示意图

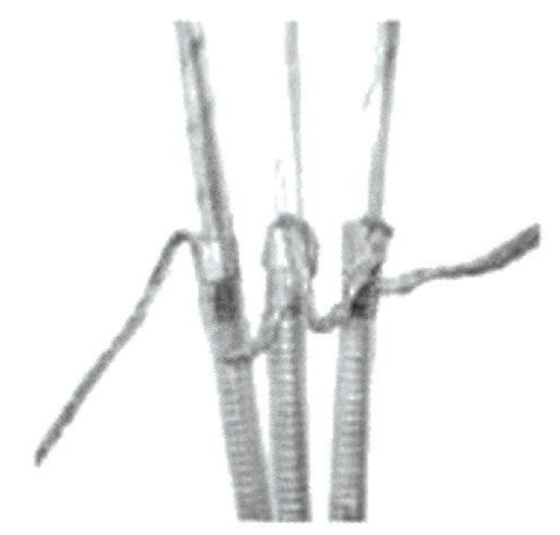

图 4—13　屏蔽地线连接示意图

（2）屏蔽四线组的屏蔽连接。将截面积 1.5 mm^2 的扁平铜网和屏蔽四线组内的排流线置于屏蔽压接管和屏蔽四线组的屏蔽层之间，用专用压接钳压接后引出，再将引出线与其他屏蔽四线组环连压接，最后引出两根屏蔽引出线，如图 4—13 所示。屏蔽引出线长度根据接地端子排的位置确定。

3）电缆及地线固定

（1）密封套推回到灌胶位置。

（2）将电缆及地线引入箱盒并将保护管与箱盒连接牢固。

4）成端密封

（1）检查冷封胶包装袋及分隔离条是否完好，严禁使用过保质期产品。

（2）开袋前应将 A、B 两种胶液充分混合。

（3）灌胶前将电缆四线组内芯线分开，芯线间用冷封胶灌注。

（4）灌注胶面应高于芯线根部 20 mm 以上。

（5）灌注后应检查无漏胶现象。

（6）灌胶后 12 h 内电缆不应受外力挤压。

5）屏蔽引出线的接地连接

（1）钢带及铝护套的屏蔽引出线、屏蔽四线组的屏蔽引出线端头分别压接

ϕ6 mm 冷压线环后，接至箱盒内地线汇流铜排。

（2）地线引接线在箱盒内一侧压接 25 mm^2 – ϕ12 mm 冷压线环后接至箱盒内地线汇流铜排，另一侧与综合接地系统连接。图 4—14 为箱盒成端、接地示意图。

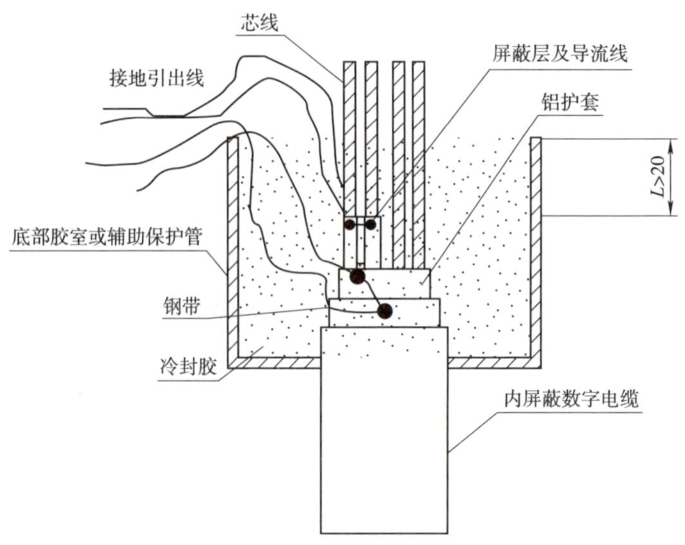

图 4—14　箱盒成端、接地示意图（单位：mm）

6）挂电缆去向铭牌

（1）在电缆两端要挂去向铭牌，使用不可擦油性笔填写。

（2）去向铭牌中注明：用途、型号、规格、电缆始终端、长度、日期。

7）填写作业跟踪卡

（1）作业人员根据工作项目自检合格后，在作业跟踪卡上签名，将作业跟踪卡妥善置于箱盒中。

（2）路基、隧道内根据设备安装的实际尺寸，填写信号设备限界检查表。

8）清理现场。

（1）清理箱盒内部灰尘、弃物等。

（2）锁闭箱盒。

（3）将作业废弃物收入环保袋并带离现场。

3. 劳动组织

人员配备见表 4—7。

表 4—7　人员配备表

序号	岗位	人数	职责
1	技术员	1	现场技术负责
2	防护员	1	安全防护
3	信号工	3	具体施工

4. 材料要求

成端使用的材料符合标准要求，工具配置齐全。

5. 工机具配置

工机具配置见表 4—8。

表 4—8　工机具配置表

序号	名称	规格型号	单位	数量	备注
1	钢锯		把	2	
2	屏蔽压接钳	TU-301G	把	1	
3	焊枪		套	2	备用 1 套
4	压线钳	OHS-5021	套	1	
5	防护用品		套	2	
6	小工具				

4.4.3　质量控制

（1）设备安装高度满足电缆弯曲半径的要求。

（2）剥切电缆不得损伤芯线。

（3）灌胶时芯线间有一定间隙，芯线间用冷封胶灌注。

4.4.4　安全措施

（1）作业人员进入现场，必须穿着安全防护服，并根据相关要求配置其他防护用品。

（2）在有车辆行驶的地段施工时应设安全防护员并带齐防护用具。

（3）电气化区段送电后，上道作业人员必须穿绝缘鞋。

（4）隧道内施工配置专用防护灯。

（5）机具、材料不得侵入限界。

4.4.5 环保措施

作业完毕，应对施工区域环境进行清理，做到工完、料净、场地清。

4.4.6 建设效果及施工图片

建设效果及施工图片如图4—15所示。

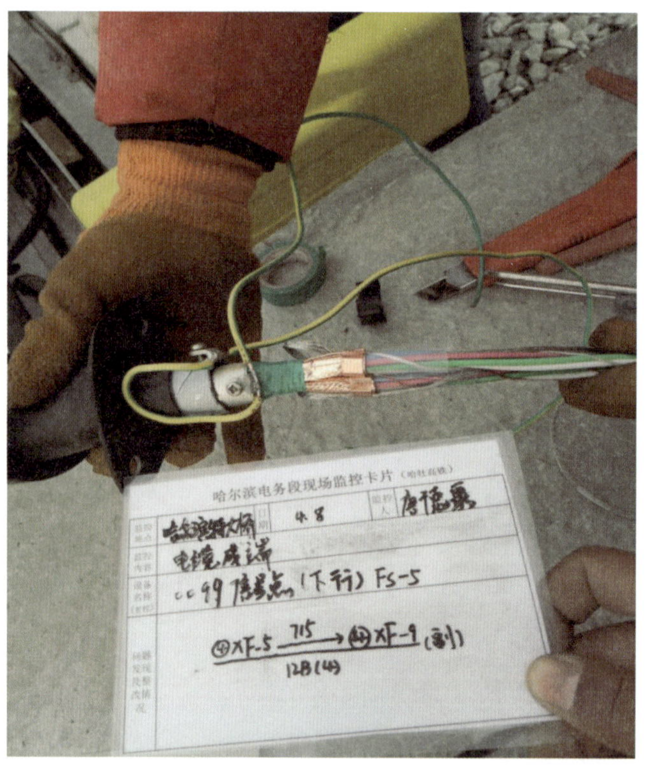

图4—15 电缆成端制作图

4.5 电缆引入

4.5.1 施工前提条件

1. 内业技术准备

在开工前组织技术人员认真学习实施性施工组织设计，阅读、审核施工图纸，澄清有关技术问题，熟悉规范和技术标准。制定施工安全保证措施，提出应急预案。对施工人员进行技术交底和上岗前安全技术培训。

2. 外业技术准备

（1）根据设计文件现场核对已敷设电缆的数量及规格型号并记录。

（2）核对已敷设电缆的预留长度。

（3）检查已敷设电缆电气特性测试合格。

（4）电缆间施工完成。

4.5.2　施工方法

1. 施工流程

施工准备→电缆支架制作→电缆引入→电缆固定→电缆引入口封堵→清理现场。

2. 施工方法

（1）电缆分咽喉分层或平摆引入，有打印或刻绘去向铭牌的编号，引入孔封堵。电缆在电缆间采用钢架预留电缆（根据各站电缆间实际情况确定电缆备用方式，相同类型的电缆间备用方式一致），用黑色金属扎带将电缆固定在钢架上。每根电缆上应标明用途（轨道电路接收、道岔、信号机、轨道电路发送、LEU 电缆等），每段电缆的长度和芯数及去向等用铭牌或图明示。电缆引入完成后地面加地板封闭，电缆间可做其他用途利用。

图 4—16　电缆间电缆敷设

（2）电缆在全部引入后再引入口处用防火封堵材料封堵并填砂处理，水泥抹面。

（3）壁挂电缆分段固定牢固：分咽喉整齐排列约每 1.5 m 固定一次，进机械室的端口处要求有固定，固定处做好防电缆损伤的措施。每根在电缆一次、二次成端处加挂铭牌，并标明电缆编号及去向。电缆间电缆敷设如图 4—16 所示。

3. 劳动组织

人员配备见表4—9。

表4—9 人员配备表

序号	岗位	人数	职责
1	施工负责人	1	负责施工组织
2	技术员	1	现场技术总负责
3	信号工	4	负责电缆成端制作
4	普工	10	负责引入、运料
5	防护员	1	负责现场安全防护

4. 材料要求

室内电缆成端使用的材料符合标准要求，工具配置齐全。

5. 工机具配置

工机具配置见表4—10。

表4—10 工机具配置表

序号	名称	规格型号	单位	数量	备注
1	钢锯		把	2	
2	电缆割刀	6-64	把	4	
3	屏蔽压接钳	TU-301G	把	2	
4	焊枪		把	1	
5	压线钳	OHS-5021	把	2	
6	防护用品		套	1	
7	对讲机		台	5	
8	小工具		套	4	

4.5.3 质量控制

（1）电缆引入角度做好规划，必须满足电缆弯曲半径的要求。

（2）开剥电缆时，防止损伤到电缆芯线。

（3）阴、雨、雪天气禁止进行电缆测试。

4.5.4 安全措施

（1）使用壁纸刀开剥电缆时注意避免划伤。

（2）使用梯子时，必须先检查梯子是否坚固，是否符合安全要求。是否有防滑装置，梯顶无搭勾，梯脚不能稳固时，须有人扶梯，人字梯拉绳必须牢固。

（3）现场做好施工组织，施工人员要有安全防范意识。

4.5.5 环保措施

作业完毕，应对施工区域环境进行清理，做到工完、料净、场地清。

4.5.6 建设效果及施工图片

建设效果及施工图片如图4—17所示。

图4—17 电缆引入图

第 5 章　箱、盒安装工程

5.1　箱、盒安装

5.1.1　施工前提条件

1. 内业技术准备

作业指导书编制后，应在开工前组织技术人员认真学习作业指导书，阅读、审核施工图纸，澄清有关技术问题，熟悉规范和技术标准。制定安全保证措施，提出应急预案。施工前需对施工人员进行技术交底及技术培训。

2. 外业技术准备

（1）施工前与电务段签订施工技术协议。

（2）施工前应按程序对土建相关工程的接口、作业面验收交接，并检查是否符合箱盒安装条件。

（3）施工调查已完成，设备安装位置已得到电务段认可，材料设备完成进场报验。

5.1.2　施工方法与工艺流程

1. 施工流程

设备位置定测→基础打眼→固定箱盒基础→固定箱盒→固定防护管→施工完成。

2. 施工工艺

（1）采用激光测距仪测量安装位置及埋深；

（2）采用专用模具控制箱盒间距及安装高度；

（3）基坑回填时恢复土工布等防水、防冻胀措施；

（4）绝缘密封胶灌注前对铝护套和电缆芯线间的缝隙进行封堵，并分次灌注，密封胶凝固前不得挤压和振动。

3. 施工要求

1）一般规定

（1）各种箱盒均不得侵入铁路建筑限界，线路曲线地段按规定加宽，不能加宽地段设备安装高度按规定降低。

（2）所有室外设备的固定螺栓必须采用不锈钢或热镀锌材料，必须安装平垫片、弹簧垫圈、防松螺帽等防松措施。

（3）箱盒内电缆应有电缆标识牌，注明型号、去向、长度、芯数及备用芯数。

（4）箱盒与基础螺栓连接时采用双螺母（其中外部是防松螺母）紧固，露出螺母外的螺纹不小于 5 mm。

（5）方向盒、终端盒、变压器箱基础安装应符合下列基本要求：

①变压器箱、终端盒、方向盒，均采用热镀锌金属基础。

②高架桥地段的基础安装在防撞墙外侧，电缆槽上方。

③隧道地段的基础安装在电缆槽上方，如图 5—1 所示。

图 5—1　隧道内箱盒安装图

④路基（非级配碎石）地段的基础底座角钢的安装深度为 500 mm。

（6）路基地段方向盒安装在信号电缆槽和轨道之间，发送与接收分开设置，防护盒最凸出边缘距离钢轨内侧不小于 1 500 mm，防护盒基础边缘距方向盒基础边 200 ~ 300 mm，如图 5—2 所示。

（7）桥梁、隧道地段调谐区方向盒安装在调谐区两侧，发送与接收分开放置，桥梁地段方向盒距对应的调谐单元 BA 2 m（中心至中心），隧道地段方向盒基础边缘与调谐单元基础边缘的距离为 2 块盖板，如图 5—3 所示。

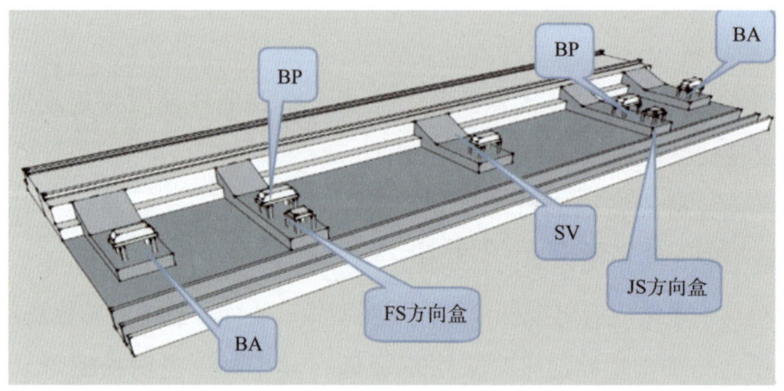

图 5—2 路基地段箱盒安装相对位置示意图

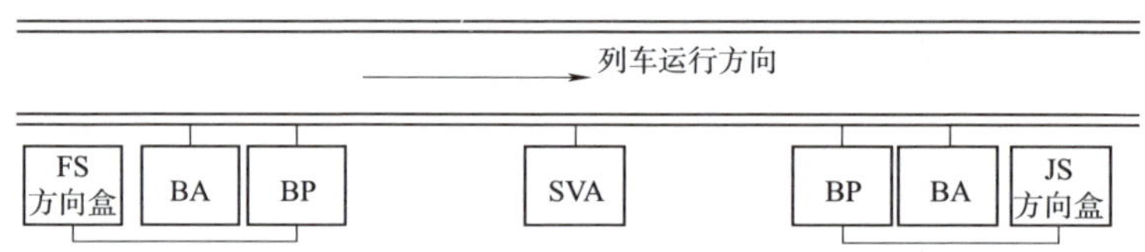

图 5—3 桥梁、隧道地段箱盒安装相对位置示意图

2）T 梁结构桥梁地段箱、盒应按下列要求安装：

（1）方向盒安装在护栏内侧，两方向盒分别安装在调谐区设备外方，方向盒与设备防护罩外沿间距 300 mm。

（2）在护栏上固定两根 8#槽钢（长度根据现场实际需求定），下方槽钢在护栏已有的孔上用 M12 × 80 mm 防松螺栓固定（如护栏上没有孔，需自行开孔的，所开孔的高度应与其他已有孔的高度保持一致），上方槽钢在护栏上打 ϕ 13 mm 孔，用 M12 × 70 mm 防松螺栓固定，螺杆向护栏外方穿，两槽钢间距为 40 mm。

（3）把箱盒基础在槽钢上打 ϕ 18 mm 孔用 M16 防松螺栓固定在两根槽钢上，螺杆向护栏外方穿。

（4）防护管与电缆槽之间外露的电缆需采用夹布橡胶管进行防护，电缆走踏步板外方在电缆槽底部钻孔进槽，橡胶管进槽需有 300 mm 余量，M 卡螺杆向护栏外方穿。

（5）在护栏上距踏步板上方 80 mm 处打 ϕ 13 mm 孔，用 M12 × 50 mm 防松螺栓固定一根 50 mm 扁钢（长度根据实际护栏跨度定），电缆走扁钢外侧，把电缆用 U 形卡固定在扁钢上，如图 5—4 所示。

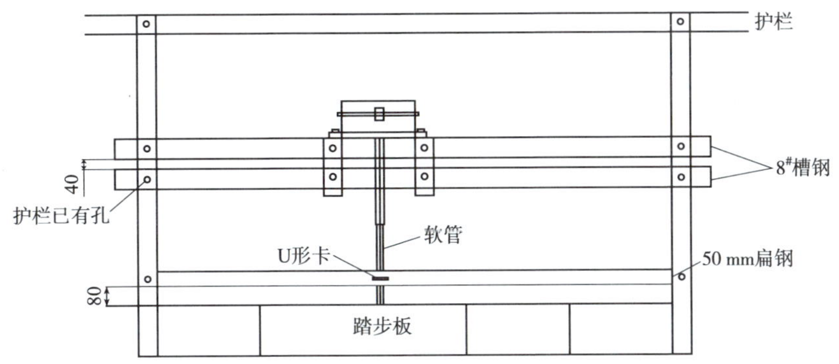

图 5—4　T 梁桥方向盒安装示意图（单位：mm）

3）箱梁结构桥梁地段箱、盒应按下列要求安装：

（1）箱梁结构桥梁地段所有方向盒安装在防护墙外侧，方向盒顶面与防撞墙顶面平。方向盒底部距电缆槽盖板高度符合电缆最小弯曲半径的要求，防护管不满足安装要求时，可改为软管防护，软管与方向盒下部连接口使用接头连接。方向盒安装高度如图 5—5 所示。

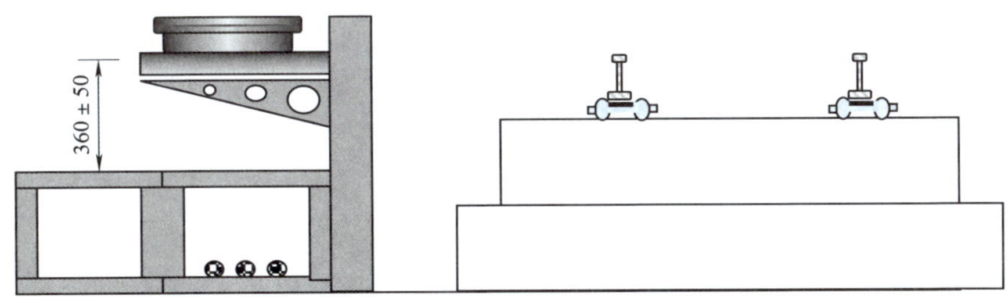

图 5—5　方向盒在桥梁防护墙外侧安装示意（单位：mm）

（2）箱梁结构桥梁地段变压器箱安装在防护墙外侧。变压器箱底部距电缆槽盖板表面高度为 360 mm ± 50 mm，当距离不能满足要求时，可适当降低高度，必须满足电缆最小弯曲半径的要求。

（3）箱梁结构桥梁地段终端盒安装在防护墙的外侧，终端盒上表面低于防撞墙上顶面。

（4）防护墙应钻 ϕ 20 通透孔，采用 M16 防松螺栓和补强板，将安装支架固定在防护墙上。基础支架严禁跨桥梁伸缩缝安装。安装在防护墙上的金属底座，应与防护墙连接紧固，基础安装端正，穿越防护墙的基础固定螺栓，补强板、防松螺帽（露出螺母外的螺扣不小于 5 mm）、开口销、防振垫板齐全，开口销上下防护，劈开角度为 60°～90°。

（5）箱梁结构桥梁地段箱、盒安装在两线间时：

①XB1 变压器箱基础采用热镀锌金属支架，底部采用四个化学锚栓固定到梁面上，植入深度不大于 40 mm。变压器箱最突出边缘距相邻两线路中心不得小于 1 940 mm，变压器箱顶部最突出边缘高于轨面不大于 200 mm。

②道岔用终端电缆盒基础采用热镀锌金属支架，底部采用四个化学锚栓固定到梁面上，植入深度不大于 40 mm。电缆盒在两线路间居中设置，电缆盒顶部与钢轨顶面平。

（6）变压器箱统一开向所属线路外侧。

4）路基（非级配碎石）地段箱、盒应按下列要求安装：

（1）路基地段的箱、盒金属基础埋深不应小于 500 mm。

（2）方向盒基础坑约为 500 mm 长、350 mm 宽、500～550 mm 深。电缆直径不大于 30 mm 时，方向盒的底部距电缆槽盖板表面高度为 360 mm ± 50 mm；电缆直径超过 30 mm 时，应根据引入的电缆型号、电缆直径、电缆受力点等因素，确定其安装高度。方向盒在路基地段安装如图 5—6 所示。

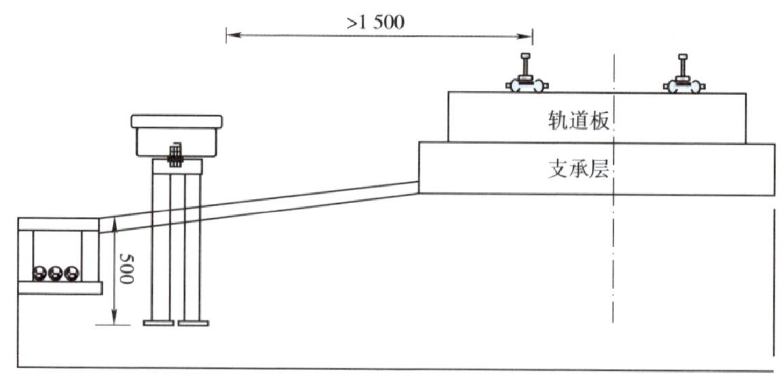

图 5—6　方向盒在路基地段安装示意（单位：mm）

（3）终端盒基础坑约为 350 mm 长、350 mm 宽、500～550 mm 深。道岔用终端电缆盒安装在转辙机旁，其最突出边缘距钢轨内沿 1 700～2 000 mm，基础顶面距地面 300 mm ± 50 mm。道岔用终端盒路基地段终端盒安装如图 5—7 和图 5—8 所示。道岔终端盒顶面与转辙机顶面平齐。

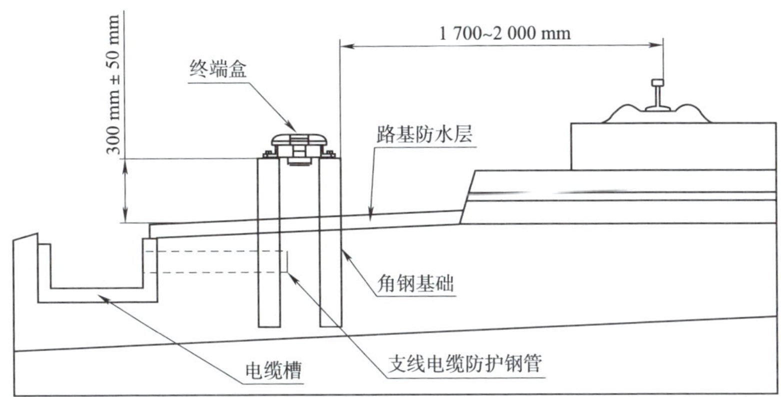

图 5—7 道岔用终端盒在路基地段安装示意

图 5—8 道岔用终端盒软防护管固定示意图

（4）应答器用终端电缆盒，应安装在应答器旁，其最突出边缘距钢轨内沿小于 1 500 mm，基础顶面距地面 300 mm ± 50 mm。应答器安装示意图如图 5—9 和图 5—10 所示。

图 5—9　应答器安装示意图

图 5—10　应答器安装示意图

（5）变压器箱基础坑约为 700 mm 长、500 mm 宽、500 ~ 550 mm 深。高柱信号机用箱盒，应安装在信号机前方。矮型信号机用箱盒，应安装在信号机后方。基础顶面距地面 300 mm ± 50 mm。信号机基础与箱盒基础边缘间距宜控制在 300 ~ 500 mm 范围内。路基地段矮型信号机用箱盒安装如图 5—11 所示。

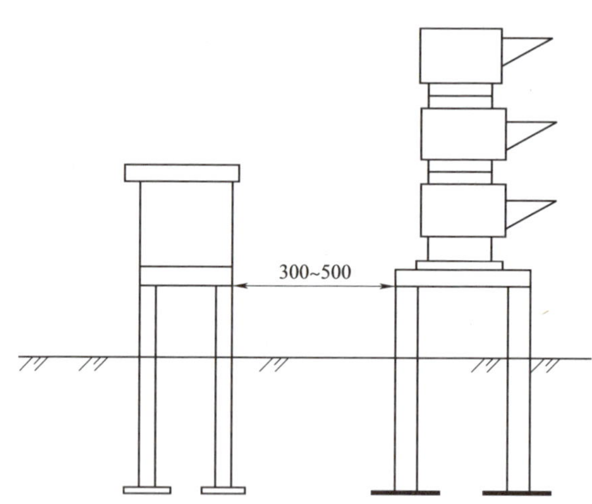

图 5—11　矮型信号机用箱盒在路基地段安装示意（单位：mm）

（6）轨道变压器箱基础坑约为 700 mm 长、500 mm 宽、500 ~ 550 mm 深。轨道用变压器箱，应安装在所属线路旁，其最突出边缘距钢轨内沿不小于 1 500 mm。基础面距地面 300 mm ± 50 mm。轨道变压器箱在路基地段安装如图 5—12 所示。

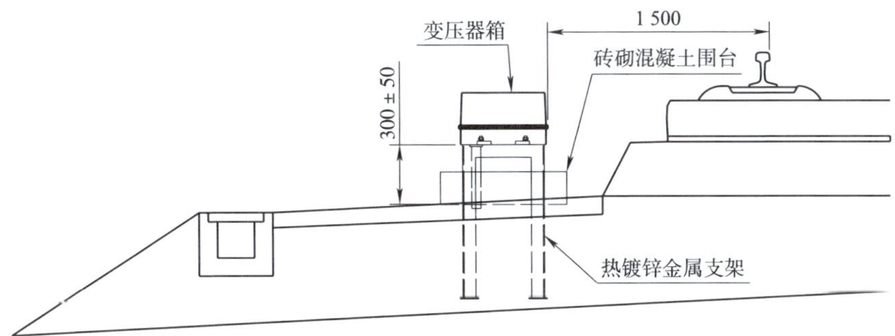

图 5—12　轨道变压器箱在路基地段安装示意（单位：mm）

（7）信号设备引入线、连接线、应答器尾缆严禁打在砖砌混凝土围台里，应采用软管或 PV 管、镀锌钢管防护，固定在砖砌混凝土围台表面，以便更换。路基地段进站信号机箱与信号机构连接管间采用直钢管连接。

（8）站内的轨道变压器箱、扼流变压器、站内匹配变压器在同地点安装时，设备顶面以调谐匹配单元防护罩顶面高度为准（轨道变压器箱、扼流变压器的高度适当调整）。

5）路基（级配碎石）地段，金属支架采用膨胀螺栓固定在级配碎石路基面上，如图 5—13 所示。施工完成后，对设备进行硬面化处理。

图 5—13　路基（级配碎石）地段箱盒安装示意图

6）隧道地段使用基础为高 300 mm 的金属支架，基础样式如图 5—14 和图 5—15 所示。使用 M8 ×80 mm 的膨胀螺栓将支架固定在电缆槽壁顶面，钢轨引出线使用电缆爬架固定。

4. 技术要点

1）箱盒安装必须满足限界要求。

2）箱盒的安装高度必须符合电缆弯曲半径要求。

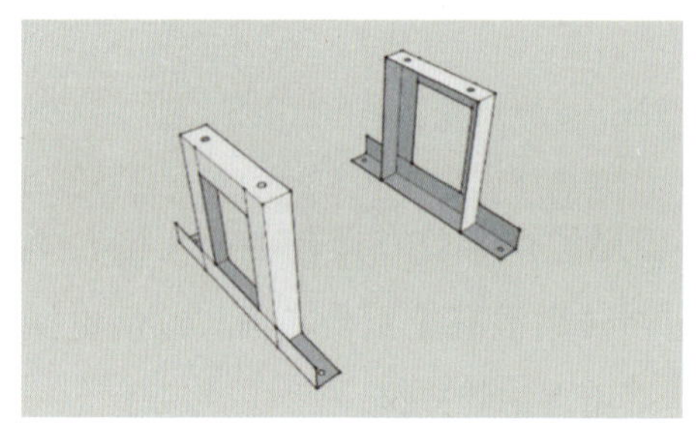

图 5—14 隧道内方向盒基础规格

图 5—15 隧道内方向盒安装

3）箱盒基础安装要求：

（1）箱盒基础采用热镀锌金属。

（2）路基地段的金属基础的埋设深度不小于 500 mm。

（3）在混凝土地面上安装箱盒时，金属基础根据现场情况加工并采取防腐、防锈处理，采用 M16 ×190 mm 化学锚栓固定。

4）室外电缆钢带、铝护套、内屏蔽护套应采取单端接地方式，主管做接地预留。当电缆总长度超过 3 000 m 时宜在中间采用地面接续盒方式接续。

5）方向盒、XB 箱内接地铜排固定接地线的螺栓，必须使用不锈钢的弹簧垫片。

5. 劳动组织

人员配置见表 5—1。

表 5—1 人员配置表

序号	岗位	人数	职责
1	施工负责人	1	负责施工组织
2	技术员	1	现场技术总负责

续上表

序号	岗位	人数	职责
3	安质员	1	负责现场安全质量
4	防护人员	4	负责现场安全防护
5	劳务工人	若干	现场具体施工

其中工班长、技术员、安质员由本单位职工担任，根据工程情况配备若干劳务工人。

6. 材料要求

施工所用箱盒、基础、固定螺栓等的规格型号必须符合技规和设计要求，依施工进度按时到位。材料进场后分类存放，码放整齐，搬运过程中轻放以免造成损坏。

设备、机械配置见表5—2。

表5—2　设备、机械配置

序号	名称	规格型号	单位	数量	备注
1	发电机	5 000 W	台	1	
2	冲击钻		台	1	
3	磁力钻		台	1	
4	水钻	3 300 W	台	1	
5	小工具		套	4	
6	抬杠		根	4	
7	水		L	50	

5.1.3　质量控制

1. 质量要求

(1) 箱盒安装不得侵入建筑限界。

(2) 设备安装高度满足电缆弯曲半径的要求。

(3) 设备基础安装应紧固，螺栓不能松动或缺少垫片。

2. 质量检验

(1) 安装平稳牢固。安装高度应符合电缆最小弯曲半径的要求。

（2）箱盒最突出边缘距所属线路钢轨内侧不小于 1 500 mm。

（3）固定箱盒的螺栓、垫片、弹簧垫或防松帽等应齐全，固定牢固。

5.1.4 安全措施

（1）作业人员进入现场，必须穿着安全防护服，并根据相关要求配置其他防护用品（安全帽、防护灯、通信工具等）。

（2）在有车辆行驶的地段施工时，应设安全防护员并带齐防护用具。

（3）电气化区段送电后，上道作业人员必须穿绝缘鞋。

（4）机具、材料不得侵入限界。

（5）使用发电机时应使用专用插头，电源插座必须有漏电保护器。

（6）雨雪中禁止使用发电机和电动工具。

5.1.5 环保措施

（1）施工中，采取编织布等防护措施对道床进行防护。

（2）将施工过程中产生的废弃物及时回收，统一处理，做到工完、料净、场地清。

5.1.6 建设效果及施工图片

建设效果及施工图片如图 5—16 和图 5—17 所示。

图 5—16 隧道内箱盒安装图

图 5—17 路基段箱盒安装图

5.2　箱、盒配线

5.2.1　施工前提条件

1. 内业技术准备

在开工前组织技术人员认真学习实施性施工组织设计，阅读、审核施工图纸，澄清有关技术问题，熟悉规范和技术标准。制定施工安全保证措施，提出应急预案。对施工人员进行技术交底和上岗前安全技术培训。

2. 外业技术准备

（1）箱盒已完成成端、灌胶，具备电缆配线的条件。

（2）电缆标识齐全。

5.2.2　施工方法及工艺标准

1. 施工程序

作业准备→核对电缆→分线绑把→端子上线→核对配线→清理现场→箱盒锁闭。

2. 施工工艺

（1）根据图纸对位端子和芯线，近端芯线放在线把内层，远端芯线放在线把外层依次相叠，线把绑扎均匀无勒痕；

（2）电缆芯线应从箱盒壁侧出线，线把距离箱盒边缘5～10 mm；

（3）电缆芯线配线时应采用专用配线标尺控制长度，芯线弧度一致；

（4）将芯线梳理、分组、编号，在电缆成端根部增加印有电缆组别的胶管，并露在胶面上；

（5）采用柱型端子配线时，电缆芯线应采用加强线环连接；

（6）采用弹簧接线端子配线时，截面积小于1 mm^2 的多股芯线应先用专用工具将冷压端帽与多股芯线压接牢固后，再与弹簧接线端子连接；

（7）备用芯线盘留美观；

（8）胶面平滑、光亮、无气泡。

3. 施工要求

1）电缆引入箱盒成端应符合下列要求：

（1）电缆的钢带、铝护套、内屏蔽护套连通后接地。

（2）电缆外护套和引入孔应密封处理。

（3）金属芯线根部不得损伤，对外漏金属芯线、端子和根部以下的护层进行绝缘保护。

（4）在电缆灌胶处，应将线组芯线分开，芯线间用冷封胶灌注严密。

（5）电缆成端用线采用黄绿色两根 $7\times0.52\ \text{mm}^2$ 多股铜芯绝缘软线，扁平铜网套黄色胶管后压冷压环上端子。

（6）$35\ \text{mm}^2$ 线冷压后上端子，端子需增加弹簧垫圈，黄绿色 $7\times0.52\ \text{mm}^2$ 多股铜芯绝缘软线及扁平铜网上端子，端子需增加双螺帽，备帽为防松螺母。

2）方向盒、终端盒、变压器箱内电缆配线，应符合下列要求：

（1）箱盒内采用万可端子，万可端子严禁“一孔双线”。个别设备采用瓷柱接线端子的须加装电缆辅助线环，电缆配线采用防断托环并透明热缩管防护。辅助线环如图 5—18 示。

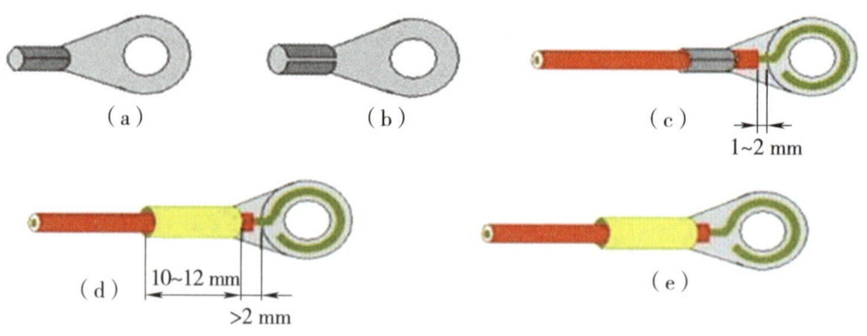

图 5—18　辅助线环示意图

（2）电缆芯线要从远端绕行后上端子，不能就近上端子。

（3）主、副管的电缆芯线留足 2～3 次做头余量。

（4）电缆芯线均采用鹅头弯与端子连接，不得盘圈。信号机和道岔采用 $1.5\ \text{mm}^2$ 的多股聚氯乙烯绝缘尼龙护套电线进行配线，线环采用绕头制环。

（5）副保护管电缆沿盒的边缘绑把分线并严禁与盒边缘接触，与盒边缘保持 5～10 mm 的距离，数字电缆副保护管线把严禁形成闭合圈。

（6）道岔终端盒、方向盒、变压器箱采用尼龙扎带进行线把绑扎，间距应均匀，基本在每一端子柱处进行捆扎和出线。

（7）备用芯线全部接线到端子上，万可端子数量不足情况下盘成弹簧状放在电缆根部（弹簧面冲上），备用芯线套上白颜色胶管区分。

（8）普通电缆线编号套管采用ϕ2.5 mm，数字电缆线编号套管采用ϕ3 mm，1.5 mm^2 软线编号套管采用ϕ4 mm。

（9）箱盒配线严禁垫片压套管。

（10）电话线按照图纸配置，单独2芯贯通备用电缆在电话线后顺次向前排，没有电话线的单独2芯贯通备用上在最后2个端子上，并采用黄色胶管区分。

（11）所有配线套管必须采用电脑打码标注端子号。

3）终端盒、变压器箱内部线把配线，应符合下列要求：

（1）信号机变压器和灯口线采用1.5 mm^2 的多股聚氯乙烯绝缘尼龙护套电线，高柱信号机使用配线电缆，按照灯的颜色区分来配线，即：点灯单元的排列与信号机灯位排列一致，从右至左顺序放置。点灯单元Ⅱ次侧及Ⅰ次侧的XJZ220用线颜色与灯位显示一致。红灯回线、红白回线用黑色；绿黄回线、白兰回线用灰色；引白回线用白线；报警通道线用蓝色线。

（2）轨道内套配线采用分色线把配线，悬空布线，高压侧用红线，包括四线制隔离盒Ⅰ次侧的GJZ220、GJF220用线、送受电端轨道变压器Ⅰ次侧用线；电码化用黄线，含进入四线制隔离盒Ⅰ次侧的电码化用黄线；低压侧用绿线，含轨道变压器Ⅱ次侧用线、电阻上的用线；防雷地线用黄绿双色线。

（3）绝缘软线不得有损伤、老化现象，中间不得有接头。

（4）各种软配线均应采用有色塑铜阻燃线，线径符合规定要求，并用尼龙拉扣予以绑扎，线头根据所属端子用原线做绕制线环，线环根部应加塑料套管，线头与线头间加装铜质镀镍平垫片，垫片不压套管。所有配线套管必须采用电脑打码标注端子号和用途。

（5）各种引入线当采用橡皮管作为防护管时，橡皮管不得强行弯曲，长度适当，引入、引出口处的线把均应包扎，变压器箱引入线应从底部或侧部引入。

（6）端子螺帽紧固、平垫片、双螺帽齐全，螺栓双帽出头，备帽采用防松螺母，确保防松措施良好。螺栓不出双帽头时可采用单帽加镀锌弹簧垫圈。室内电源端子、分线盘端子、接口架采用铜端子接线柱时，端子根部必须加装镀锌弹簧垫圈进行防松。

（7）各种信号设备的编号必须清楚统一。

（8）绝缘软线在机柱、电线引入管进出口处应用防水胶带防护。

4）方向盒、终端盒、变压器箱内灌胶，应符合下列要求：

（1）方向盒、终端盒、变压器箱电缆成端完成后，需电务段验收合格后才能灌胶。

（2）箱盒无损伤、裂纹，密封作用良好。盒内清洁、端子无锈蚀。

（3）电缆引入箱、盒后，应用冷封胶灌注固定，胶室严密，不应漏胶，灌胶深度宜为 30 mm。

5）方向盒、变压器箱名称应加装专用箱盒铭牌。箱盒配线如图 5—19 ~ 图 5—22 所示。

图 5—19　XB 箱配线示意图

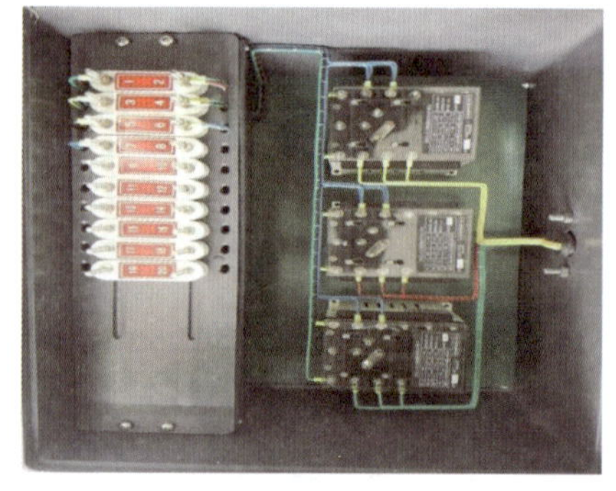

图 5—20　XB 箱配线示意图

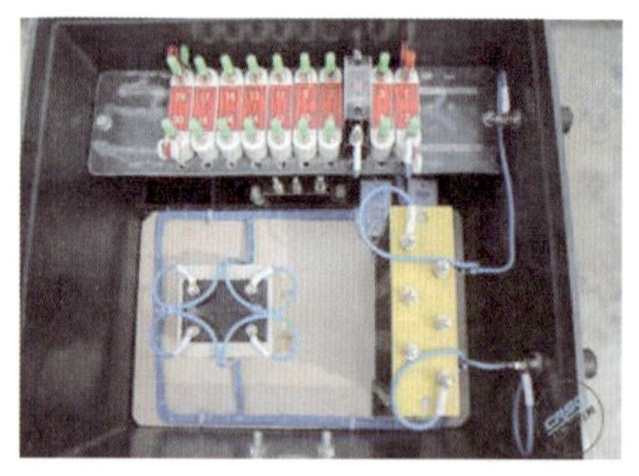

图 5—21　XB 箱配线示意图

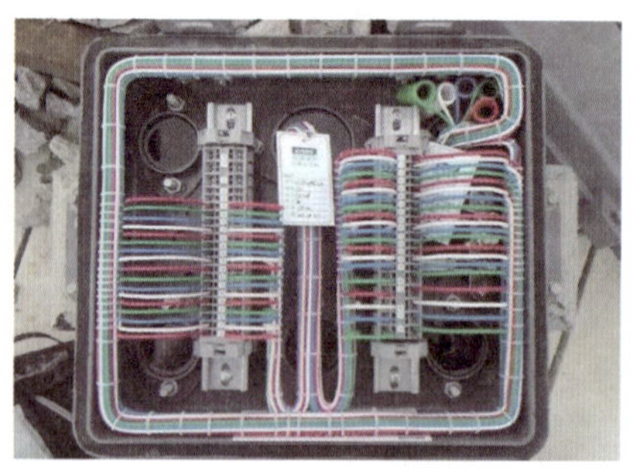

图 5—22　室外方向盒配线示意图

4. 技术要点

（1）电缆配线与设计图相符。

（2）数字电缆配线线把严禁闭合成环状。

（3）芯线端头应有2～3次做头余留量，并严禁盘圈。

（4）预留备用量应能保证所有芯线均能配至最远端端子。

（5）配线美观，弯度一致，绑线整齐。

（6）鹅头弯及盘圈高度一致，并不超过盒沿。

（7）芯线端子上线应符合电缆芯线线环上端子的技术要求，同一端子上主、副管电缆芯线呈一直线。

（8）端子编号正确，配线与配线图一致，电缆绝缘良好。

5. 劳动组织

作业人员配备齐全，具体人员配置情况见表5—3。

表5—3　作业人员配备表

序号	岗位	人数	职责
1	施工负责人	1	负责施工组织
2	技术员	1	现场技术总负责
3	信号工	2	现场具体施工
4	防护人员	4	负责现场安全防护

6. 材料要求

电缆配线过程中所需的材料满足配线要求，见表5—4。

表5—4　设备机具配置表

序号	名称	规格型号	单位	数量	备注
1	管型压线钳	0. 25-10	套	1	
2	小工具		套	1	
3	液压钳	YQK120	把	1	
4	焊枪		把	1	
5	数字万用表	Fluke17B +	块	1	

5. 2. 3　质量控制

1. 质量要求

（1）严格按照设计图纸配线，确保图物相符。

（2）在螺栓端子上线时，各部位螺母垫片齐全，紧固。

（3）在螺栓端子上线时，线环必须顺时针方向。

（4）开剥电缆时，防止损伤电缆芯线。

2. 质量检验

（1）每根电缆芯线应留有 2 ~3 次做线环的余量；备用芯线的长度能够保证与最远程端子进行配线连接。

（2）柱型端子配线时，芯线线环按顺时针绕制，线环间及线环与螺母间垫片齐全。

（3）数字电缆线把严禁形成闭合圈，线把绑扎间距应均匀。

5.2.4 安全措施

（1）作业人员进入现场，必须穿着安全防护服，并根据相关要求配置其他防护用品（安全帽、防护灯、通信工具等）。

（2）在有车辆行驶的地段施工时应设安全防护员并带齐防护用具。

（3）电气化区段送电后，上道作业必须穿绝缘鞋。

（4）机具、材料不得侵入限界。

（5）使用发电机时应使用专用插头，电源插座必须有漏电保护器。

（6）隧道内施工配置专用防护灯。

5.2.5 环保措施

将作业废弃物收入环保袋并带离现场。

5.2.6 建设效果及施工照片

建设效果及施工图片如图 5—23 和图 5—24 所示。

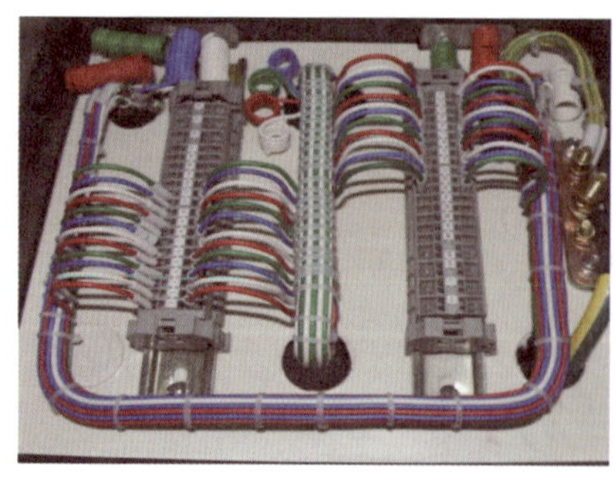

图 5—23 室外方向盒配线

图 5—24 终端盒电缆配线

第 6 章　转辙设备安装

6.1　转辙机安装

6.1.1　施工前提条件

1. 内业技术准备

在开工前组织技术人员认真学习实施性施工组织设计，阅读、审核施工图纸，澄清有关技术问题，熟悉规范和技术标准。制定施工安全保证措施，提出应急预案。对施工人员进行技术交底和上岗前安全技术培训。

2. 外业技术准备

转辙设备应进行进场检查，并符合下列规定：

（1）转辙机及其附件规格、型号、数量、质量符合设计和订货合同的要求。

（2）转辙机合格证、检验单等质量证明文件齐全。

（3）转辙机应按要求进行检测，质量应符合相关技术标准。

6.1.2　施工方法及工艺标准

1. 转辙机施工程序

施工准备→设备搬运→安装基础托盘→安装转辙机→转辙机配线→道岔调整→送电调试。

2. 施工工艺

（1）转辙机配线宜采用带护套的配线电缆；

（2）基础托板与轨枕间、横连接板与弯板间应加装橡胶垫；

（3）基础托板增设支腿，使基础托板保持水平，受力均匀；

（4）转辙机至终端电缆盒线缆防护管两端宜采用螺纹丝扣连接方式。

3. 施工要求

1）转辙机安装准备工作

（1）转辙机需经电务段检测合格后方可上道使用，密检器、转辙机接点并用，ZD 型电动转辙机内部插接件应采用万可端子接线方式，入所修时同步完成。

（2）道岔上安装的转辙机规格、型号及设置位置应符合设计文件要求。

（3）转辙机通常应安装在道岔正线一侧，并与道岔正线基本轨平行，其偏移量在转辙机外壳两端的距离内不应大于 5 mm。

2）电动转辙机安装

（1）安装牵引点处基础托板

①基础托板与水泥枕上平面间应装 5 mm 厚橡胶板。

②横连接板与弯板间应装橡胶垫，必要时还应加装调整垫，以调整转辙机的高低。

③安装连接板时，一定注意转辙机安装孔的方向。一动单孔在前，二动近距两孔在前。

（2）安装 ZDJ9 电动转辙机

①打开开关锁，此时手摇把可以插入摇把齿轮。

②打开机盖锁。转辙机内部构造如图 6—1 所示。

③将转辙机安装于稳固的水平基础之上。

④用四个六角螺栓（M20 × 105）可靠地将转辙机固定在安装装置上。

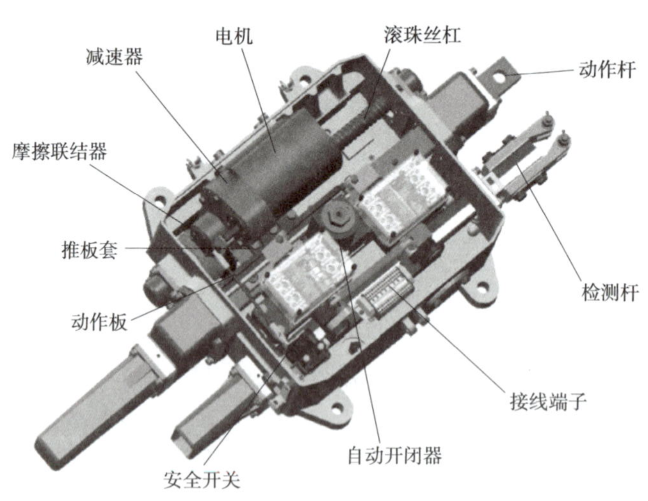

图 6—1 转辙机构造图

3）ZD6 系列电动转辙机应符合下列要求：

（1）摩擦连接器应符合下列要求：

①道岔在正常转动时，摩擦连接器不空转；道岔转换终了时，电动机应稍有空转；道岔尖轨因故不能转换到位时，摩擦连接器应空转。

②ZD6-A 型、D 型、F 型转辙机单机使用时，摩擦电流为 2.3 ~ 2.9 A；ZD6-E 型和 ZD6-J 型转辙机双机配套使用时，单机摩擦电流为 2.0 ~ 2.5 A。

③摩擦带与内齿轮伸出部分，应保持清洁，不得锈蚀或沾油。

（2）自动开闭器应符合下列要求：

①动接点在静接点片内的接触深度不小于 4 mm，用手扳动动接点，其摆动量不大于 3.5 mm；动接点与静接点座间隙不小于 3 mm；

②速动爪与速动片的间隙在解锁时不小于 0.2 mm，锁闭时为 1 ~ 3 mm；

③表示检查块缺口内两侧间隙为 1.5 mm ±0.5 mm（ZD6-J 型机应不大于 7 mm）。

（3）移位接触器应符合下列要求：

①当主销折断时，接点应可靠断开，切断道岔表示。

②顶杆与触头间隙为 1.5 mm 时，接点不应断开；用 2.5 mm 垫片试验或用备用销带动道岔（或推拉动作杆）试验时，接点应断开，非经人工恢复不得接通电路。其所加外力不得引起接点簧片变形。

2. 转辙机配线应符合下列要求：

（1）转辙机配线应采用多股铜芯阻燃塑料软线。其内部截面积不应小于 0.75 mm^2，外部不应小于 1.5 mm^2。

（2）配线不得有损伤、老化现象，不得有中间接头。

（3）配线端子为端子柱时，绝缘软线两端芯线宜用铜线绕制线环或冷压接线端子压接等方式配线。

（4）配线端子为弹簧接线端子时，插接型端子配线应一孔一线，截面积小于 1 mm^2 的多股铜芯线应采用接线帽，并使用专用压接钳压接牢固。

3. 技术要点

（1）转辙机的电源开关锁通、断电性能良好。通电时，摇把挡板能有效阻挡摇把插入摇把齿轮；当切断开关时，摇把能顺利插入摇把齿轮。电源一旦被切断，非经人工恢复不得接通电路；摇把齿轮的轴用挡圈无脱落现象。

（2）正常转换道岔时，滚珠丝杠动作平稳无噪声，摩擦联结器作用良好。

（3）速动开关通、断电作用良好。

（4）转辙机动作电流不大于 2 A（54 Ω），道岔因故不能转换到位时，电流一般不大于 3 A。

（5）转辙机内滚珠丝杆、动作杆、检测杆、齿轮组、锁闭块、操纵板等均应保持润滑，润滑材料应采用规定的油脂。

（6）检测杆的缺口调整应为指示标对准检测杆缺口中央，尖轨、心轨第一牵引点为 1. 5 mm ±0. 5 mm，其他各牵引点为 2 mm ±0. 5 mm。定、反位缺口均须按此规定调整。

4. 劳动组织

作业人员配备齐全，具体人员配置情况见表 6—1。

表 6—1 作业人员配表

序号	岗位	人数	职责
1	施工负责人	1	负责施工组织
2	技术员	1	现场技术总负责
3	信号工	3	现场具体施工
4	普工	4	负责材料搬运
5	防护人员	4	负责现场安全防护

5. 材料要求

（1）所用材料的产品合格证、出厂检验报告等齐全。

（2）所用材料经过相关单位检测合格后方能上道安装。

6. 设备机具配置

设备机具配置见表 6—2。

表 6—2 设备机具配置表

序号	名称	规格型号	单位	数量	备注
1	撬棍		根	2	
2	活口扳手	450 mm	把	3	
3	道岔专用工具		套	1	
4	数字万用表	Fluke17B +	块	1	
5	对讲机		台	2	

6.1.3　质量控制

1. 质量要求

转辙机应与道岔基本轨平行，外壳两端与基本轨的距离偏差不应大于 5 mm。外锁杆和转辙机动作杆应平直，在同一轴线上。

2. 质量检验

转辙机应与道岔基本轨平行，外壳两端与基本轨的距离偏差不应大于 3 mm。外锁杆和转辙机动作杆应平直在同一轴线上。

6.1.4　安全措施

（1）施工过程中所有机具、材料不得侵入铁路限界。

（2）施工过程中要设驻站联络员和安全防护员，负责施工安全联络及防护。

（3）转辙设备搬运过程中采用搬运工具搬运，不能用手抬。

6.1.5　环保措施

将施工过程中产生的废弃物及时回收，统一处理，做到工完、料净、场地清。

6.1.6　建设效果

建设效果如图 6—2 所示。

图 6—2　转辙机安装

6.2 安装装置

6.2.1 施工前提条件

1. 内业技术准备

在开工前组织技术人员认真学习实施性施工组织设计，阅读、审核施工图纸，澄清有关技术问题，熟悉规范和技术标准。制定施工安全保证措施，提出应急预案。对施工人员进行技术交底和上岗前安全技术培训。

2. 外业技术准备

1）核对线路部门所铺设的道岔型号是否与施工图纸相符。

2）用方尺测量道岔是否方正。

3）测量轨距是否符合下列标准：

（1）尖轨尖端轨距 1 435 mm，允许偏差 ±1 mm。

（2）直尖轨轨头刨切起点处轨距 1 435 mm，允许偏差 ±1 mm（从尖轨尖端量起 6 156 mm 处）。

6.2.2 施工方法及工艺标准

1. 安装装置施工程序

施工准备→设备搬运→安装基础托盘→安装转辙机→道岔调整→送电试验。

2. 施工工艺

（1）根据道岔型号核对道岔各牵引点安装数据，符合转辙机安装要求；

（2）杆件沿线路纵向偏移量≤5 mm；

（3）各牵引点两侧锁闭框中心位置偏差≤3 mm；

（4）各牵引点心轨外锁闭两侧锁闭量相差≤2 mm。

3. 施工要求

（1）安装装置基础托板应与轨枕连接牢固，并与道岔直股基本轨垂直，托板外侧应翘起 5 mm；安装在基础上时连接牢固。

（2）转辙机应安装在道岔正线外侧，转辙机应与道岔基本轨平行，转辙机外壳两端与基本轨的距离差不应大于 5 mm。

（3）电液转辙机两牵引点间的油管应采用槽钢对扣防护。油管在出入地面处应有防护，油管弯曲半径不得小于 150 mm。

（4）在进行动作杆和外锁闭杆安装时，应检查各部绝缘管、垫齐全。各部绝缘应安装正确，不遗漏，不破损。

（5）在转辙器部位安装尖端铁后，将长短表示杆与尖轨连接铁连接，并应按设计要求正确安装绝缘件。

（6）在辙叉部位安装接头弯板，应将心轨表示杆与接头弯板相连，并按设计要求正确安装接头弯板及绝缘件。

（7）转辙装置各部位紧固件齐全，安装螺栓紧固并达到规定的拧紧力矩，丝扣露出螺帽外的余量应大于 5 mm，并有防松措施，开口销应齐全，劈开角度为 60°～90°。

（8）表示杆接头与尖端铁的连接应牢固。

（9）一机多点型安装装置支撑安装时，先清理枕木预留安装孔中的杂物，在支撑下方垫上相应规格的垫片，使支撑、垫片、枕木安装孔对齐，穿入螺栓并拧紧使扭矩达到 20 N · m 即可。

（10）一机多点型弯杆及岔枕连接固定装置安装时，按安装图在曲柄连接处，将弯杆固定在水泥枕上。将岔枕连接固定装置安装在特定的水泥枕上。

（11）固定接头铁的螺栓头部不得与基本轨相碰。

（12）密贴调整杆的螺母应有防松措施。

4. 技术要求

（1）安装装置方正、平顺，可动部分在道岔转换过程中动作平稳、灵活，无别劲、卡阻现象。

（2）固定接头铁的螺栓与基本轨不得相碰。

（3）绝缘管、绝缘垫的安装应齐全、牢固、无破损。

5. 劳动组织

作业人员配备齐全，具体人员配置情况见表 6—3。

表 6—3　作业人员配备表

序号	岗位	人数	职责
1	施工负责人	1	负责施工组织

续上表

序号	岗位	人数	职责
2	技术员	1	现场技术总负责
3	信号工	3	现场具体施工
4	普工	4	负责材料搬运
5	防护人员	4	负责现场安全防护

6. 材料要求

（1）所用材料的产品合格证、出厂检验报告等齐全。

（2）所用材料经过相关单位检测合格后方能上道安装。

7. 设备机具配置

设备机具配置见表6—4。

表6—4　设备机具配置表

序号	名称	规格型号	单位	数量	备注
1	撬棍		根	2	
2	活口扳手	300 mm	把	3	
3	活口扳手	450 mm	把	2	
4	眼镜扳手	27～30 mm	把	4	
5	榔头		把	2	
6	道岔专用工具		套	1	
7	数字万用表	Fluke17B +	块	1	
8	对讲机	Motorolaa8i	台	2	
9	区间电话		台	1	
10	密贴检查块		块	1	
11	水平尺		把	1	

6.2.3　质量控制

1. 质量要求

（1）道岔动作、表示杆件安装有防护罩时，安装应牢固可靠。

（2）安装装置各部位紧固件、垫圈、弹簧垫圈、开口销等部件应齐全、紧固，开口销双臂对称劈开角度应为60°~90°。

（3）各种连接杆螺纹部分的内、外调整余量不应小于10 mm。表示杆的销孔旷量不应大于0.5 mm；其余部分的销孔旷量不应大于1 mm。

2. 质量检验

安装装置符合质量要求的标准。

6.2.4 安全措施

（1）施工过程中所有机具、材料不得侵入铁路限界。

（2）施工过程中要设驻站联络员和安全防护员，负责施工安全联络及防护。

（3）道岔转换前确认尖轨与基本轨间无杂物，尖轨上无人员站立。

（4）转辙设备搬运过程中采用搬运工具搬运，不能用手抬。

6.2.5 环保措施

施工过程中产生的废弃物及时回收，统一处理，做到工完、料净、场地清。

6.2.6 建设效果及施工照片

建设效果及施工图片如图6—3所示。

图6—3 安装装置安装图

6.3 外锁闭装置安装

6.3.1 施工前提条件

1. 内业技术准备

在开工前组织技术人员认真学习实施性施工组织设计，阅读、审核施工图纸，澄清有关技术问题，熟悉规范和技术标准。制定施工安全保证措施，提出应急预案。对施工人员进行技术交底和上岗前安全技术培训。

2. 外业技术准备

1）核对线路所铺设的道岔型号是否与施工图纸相符。

2）用方尺测量道岔是否方正。

3）测量轨距是否符合下列标准：

（1）尖轨尖端轨距 1 435 mm，允许偏差 ±1 mm。

（2）直尖轨轨头刨切起点处轨距 1 435 mm，允许偏差 ±1 mm（从尖轨尖端量起 6 156 mm 处）。

（3）转辙设备测量相关枕木位置是否符合标准（以 18#道岔 5 机牵引点为例）：

①尖轨第一、第二、第三牵引点，心轨第一牵引点处两水泥枕中心距为 650 mm；心轨第二牵引点处两水泥枕中心距为 600 mm。

②尖轨第一、第二、第三牵引点，心轨第一牵引点处基本轨上外锁闭框连接孔中心距前一个水泥枕中心均为 360 mm；心轨第二牵引点处基本轨上外锁闭框连接孔中心距前一个水泥枕中心均为 300 mm。为保证安装位置，可在前、后增设拉板以确保使用中不产生大的变化。

6.3.2 施工方法及工艺标准

1. 外锁闭装置施工程序

施工准备→设备搬运→安装尖轨外锁闭装置→安装可动心轨钩式外锁装置→道岔调整→送电调试。

2. 施工工艺

（1）根据道岔型号核对道岔各牵引点安装数据，符合转辙机安装要求；

（2）各牵引点两侧锁闭框中心位置偏差≤3 mm；

（3）各牵引点心轨外锁闭两侧锁闭量相差≤2 mm。

3. 施工方法

1）尖轨外锁闭装置安装、调试

（1）用螺栓 M20、防松垫、弹垫、螺母 M20 将锁闭框装于基本轨上（可不拧紧螺母）。锁闭框安装图如图 6—4 所示。

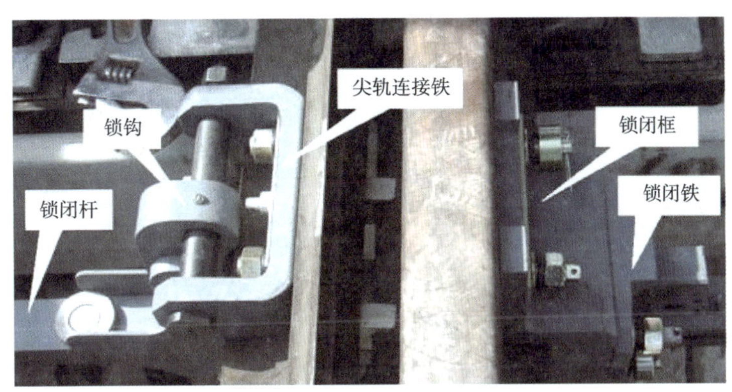

图 6—4　锁闭框安装图

（2）用螺栓 M20、防松垫、弹垫、螺母 M20 将尖轨连接铁装于尖轨上。尖轨连接铁安装示意图如图 6—5 所示。

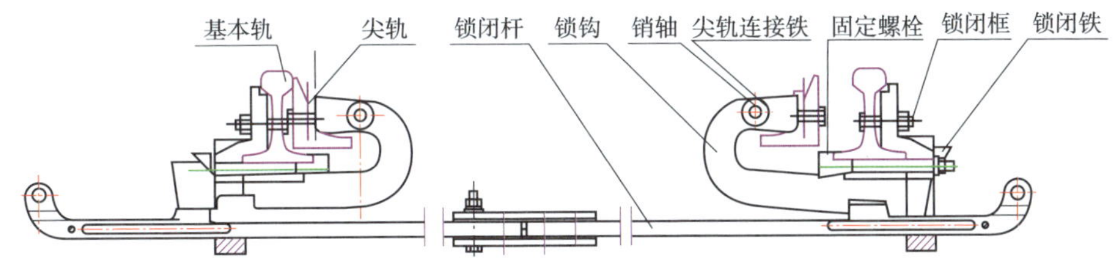

图 6—5　尖轨连接铁安装示意图

（3）将锁闭杆装入锁闭框内后，将锁钩放在锁闭杆上，并在锁钩孔内涂润滑脂。锁杆连接示意图如图 6—6 所示。

（4）拨动锁闭杆，当锁钩孔对上尖轨连接铁的孔后，穿上销轴，并用平垫圈、弹垫和螺母 M20 拧紧后，穿入开口销，将锁闭铁插入锁闭框方孔内，固定螺栓一头钩住基本轨，另一头穿入锁闭框和锁闭铁孔内，带上平垫圈、弹垫和螺母 M20。锁闭铁安装示意图如图 6—7 所示。

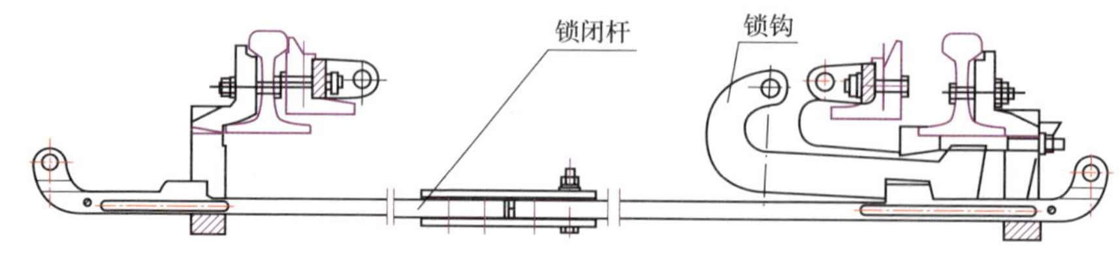

图 6—6　锁杆连接示意图

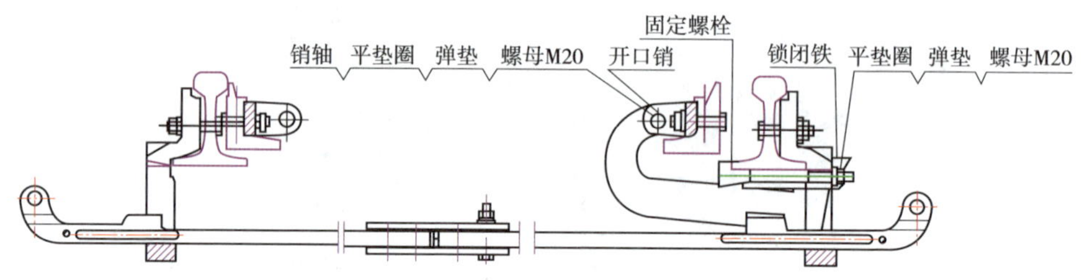

图 6—7　锁闭铁安装示意图

（5）撬动尖轨使装有锁闭铁侧处于密贴状态，另一侧处于自开状态，用手托起锁钩，拨动锁闭杆位置。锁闭铁密贴状态如图 6—8 所示。

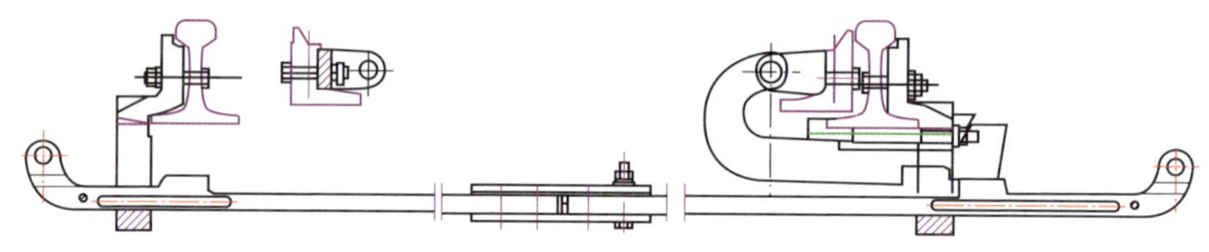

图 6—8　锁闭铁密贴状态示意图

（6）按照序号 3）、序号 4）的方法安装另一侧锁钩、销轴、固定螺栓和锁闭铁。

（7）通过左右拨动锁闭框调整锁闭杆与转辙机动作杆平行后拧紧固定锁闭框的螺母，并通过安装装置的动作拉杆将锁闭杆与转辙机的动作杆连接在一起。

（8）通过在锁闭铁和锁闭框中间增减调整片保证基本轨和尖轨密贴，且尖轨与基本轨在锁闭杆中心处应留 0.2 ~ 0.8 mm 的间隙。增加调整片示意如图 6—9 所示。

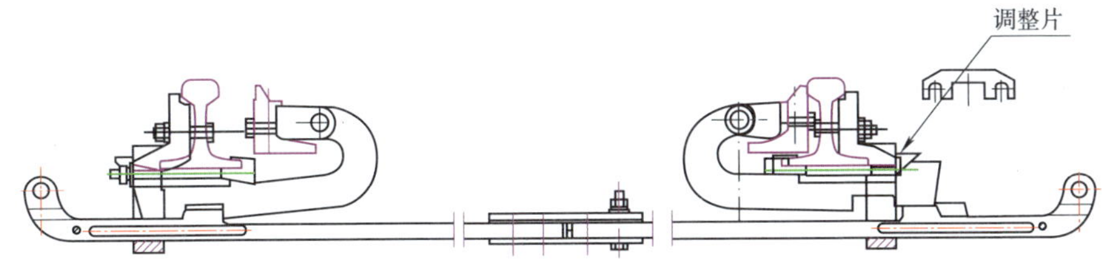

图 6—9　增加调整片示意

（9）检测道岔开口：首先通过调整安装装置动作拉杆使两侧开口相差不超过 3 mm，然后检查道岔开口符合规定要求，若开口大于表中最大值时，可通过减少密贴调整片，同时在尖轨连接铁和尖轨间加调整垫调整，如一动左侧道岔开口为 161 mm 时，可通过减少 2 mm 密贴调整片，加 2 mm 调整垫将道岔开口调整为159 mm。道岔开口检测示意如图 6—10 所示。

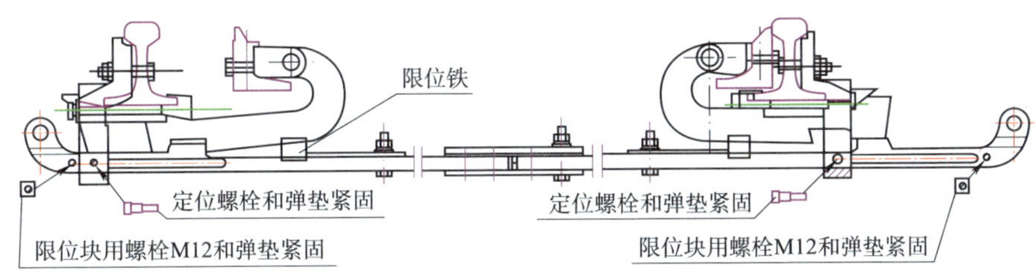

图 6—10　道岔开口检测示意图

（10）检查在各牵引点锁闭杆中心处插入 4 mm 厚、20 mm 宽的密贴检查块，外锁闭装置不得锁闭，且不得接通转辙机内表示接点；在相临两牵引点间任一位置插入 10 mm 厚、20 mm 宽的密贴检查块，不得接通转辙机内表示接点，若不满足要求可通过增减调整片调整，满足要求后拧紧固定锁闭铁的螺母。

（11）在锁闭框上装定位螺栓和弹垫，并将限位块和可调限位块用 M12 螺栓和弹垫紧固在锁闭杆上，可调限位块与锁闭框间应留有 1 ~ 3 mm 的间隙，保证其不影响道岔开口，将限位铁用 M20 × 65 的螺栓固定于锁闭杆上。限位块安装示意如图 6—11 所示。

（12）销轴及各摩擦面涂润滑油。

（13）将防松片分别穿在锁闭框、尖轨连接铁处的螺栓和防松片上后加开口销；固定螺栓头部装防松盖，并通过平垫圈调整螺母插入防松盖的深度大于 5 mm。

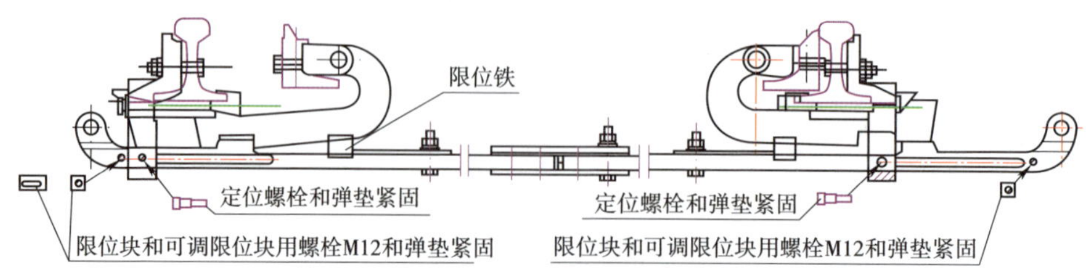

图 6—11　限位块安装示意图

2）可动心轨钩式外锁装置的安装调试

（1）锁闭杆钩置于心轨下，使锁钩中间缺口对准心轨。

（2）安装锁闭框，将锁闭杆钩抬起，穿入锁闭框方孔内，将锁闭框用螺栓固定在翼轨上，移动心轨及锁闭钩杆，使心轨接头落入锁钩缺口内；然后在锁闭杆钩另一侧穿入另一锁闭框。

（3）穿入固定导向销的开口销，安装两侧锁闭铁，用螺栓紧固。可动心轨钩式外锁装置结构如图 6—12 所示。

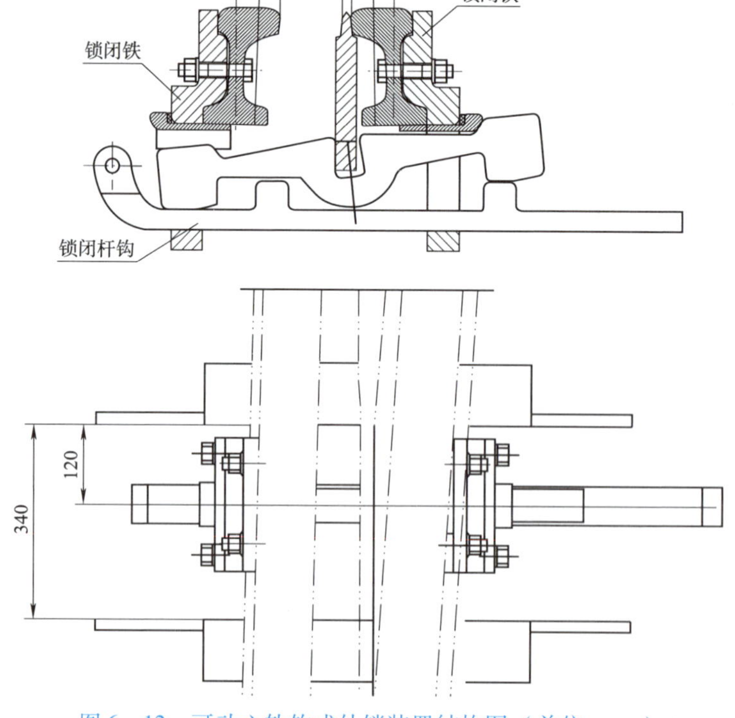

图 6—12　可动心轨钩式外锁装置结构图（单位：mm）

4. 技术要点

(1) 转辙机动作杆、连接杆、锁闭杆应在同一直线位置。

(2) 两尖轨（可动心轨）与基本轨（翼轨）密贴，并符合技术条件要求。

(3) 两侧尖轨开口量相等，其偏差不应大于2 mm。

(4) 尖轨、心轨牵引点外锁闭两侧锁闭量相等，其偏差不得大于2 mm。

(5) 转辙机检测柱在定位、反位时落入表示（锁闭）杆缺口，缺口内两侧间隙相等，并符合相关标准。

5. 劳动组织

作业人员配备齐全，具体人员配置情况见表6—5。

表6—5　作业人员配备表

序号	岗位	人数	职责
1	施工负责人	1	负责施工组织
2	技术员	1	现场技术总负责
3	信号工	3	现场具体施工
4	普工	4	负责材料搬运
5	防护人员	4	负责现场安全防护

6. 材料要求

(1) 所用材料的产品合格证、出厂检验报告等齐全。

(2) 所用材料经过相关单位检测合格后方能上道安装。

7. 设备机具配置

设备机具配置见表6—6。

表6—6　设备机具配置表

序号	名称	规格型号	单位	数量	备注
1	撬棍		根	2	
2	活口扳手	450 mm	把	2	
3	道岔专用工具		套	1	
4	数字万用表	Fluke17B +	块	1	
5	密贴检查块		块	1	
6	水平尺		把	1	

6.3.3 质量控制

1. 质量要求

（1）各牵引点的锁闭杆连接应平直，螺栓、螺母、垫圈连接应牢固。

（2）锁闭框应安装方正、平直，与基本轨（翼轨）连接紧密。

（3）符合高速铁路信号工程质量验收标准。

2. 质量检验

外锁闭装置安装符合质量要求的标准。

6.3.4 安全措施

（1）施工过程中所有机具、材料不得侵入铁路限界。

（2）施工过程中要设驻站联络员和安全防护员，负责施工安全联络及防护。

（3）道岔转换前确认尖轨与基本轨间无杂物，尖轨上无人员站立。

（4）转辙设备搬运过程中采用搬运工具搬运，不能用手抬。

6.3.5 环保措施

将施工过程中产生的废弃物及时回收，统一处理，做到工完、料净、场地清。

6.3.6 建设效果及施工照片

建设效果及施工图片如图 6—13。

图 6—13 可动心轨钩式外锁装置

6.4　道岔密贴检查装置安装

6.4.1　施工前提条件

1. 内业技术准备

在开工前组织技术人员认真学习实施性施工组织设计，阅读、审核施工图纸，澄清有关技术问题，熟悉规范和技术标准。制定施工安全保证措施，提出应急预案。对施工人员进行技术交底和上岗前安全技术培训。

2. 外业技术准备

（1）测量轨距是否符合标准。

（2）测量轨枕固定螺栓孔及孔距是否符合要求。

6.4.2　施工方法及工艺标准

1. 道岔密贴检查装置施工程序

施工准备→组装连接头→固定密检器→密检器调整→配线→清理施工场地。

2. 施工工艺

（1）密贴检查器配线采用带护套的配线电缆；

（2）密贴检查器电缆过轨应使用整体道床过轨防护管，过轨防护管两侧应封堵；

（3）配线电缆应采用压缩空气用织物增强橡胶软管防护；

（4）密贴检查器侧配线电缆防护管应采用螺纹丝扣连接方式；

（5）终端电缆盒侧配线电缆防护管应采用分歧螺纹丝扣连接器。

3. 施工要求

1）密贴检查器安装

接头连杆组件组装图如图6—14和图6—15所示。

图6—14　接头连杆组件组装图

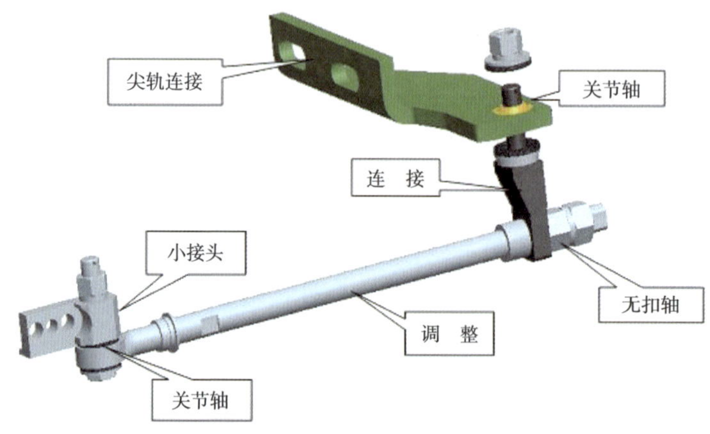

图 6—15　接头连杆组件组装

2）密贴检查器安装

（1）将接头连杆组件、固定板和密贴检查器连接紧固，如图 6—16 所示。

（2）用 M24 的螺栓将固定板、调高垫板和橡胶垫板将密贴检查器固定在岔枕上（当使用于无砟道床时，需根据基本轨下调高垫板的厚度，在密贴检查器固定底板下选配 2 mm、3 mm、5 mm、6 mm 厚度的密贴检查器调高垫板）。

（3）用 M20 的螺栓将接头连杆组件的尖轨连接铁与尖轨连接。尖轨连接铁上设有长孔，便于安装时的调整。

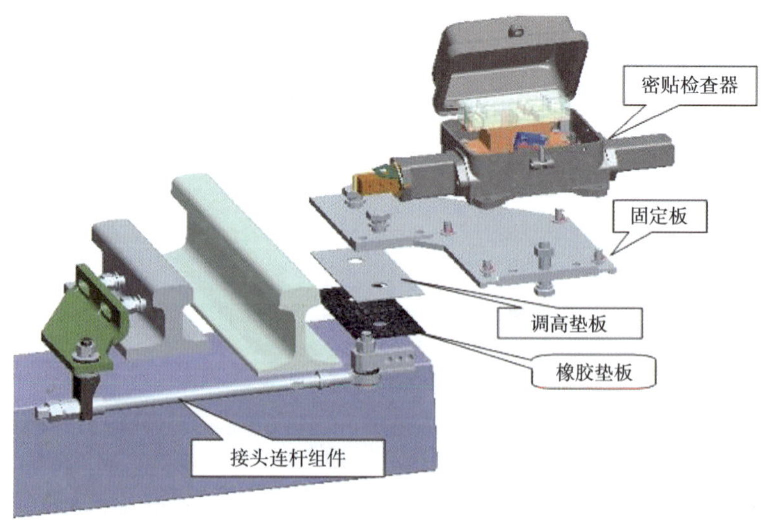

图 6—16　密贴检查器安装图

3）密贴检查器调试

调整密检器一侧的尖轨转换到密贴位置。用扳手转动无扣轴套使表示杆上出厂时电刻的标记与移位标方孔外侧对齐，此时密贴检查器接点组上的起动片从表示杆内的速动片上掉下，接通密贴表示。视情况而定将标记再向内移动 1～4 mm（标记与移位标方孔外侧的距离即为尖轨密贴的间隙）。调整后按上述方法再调整另一侧调整密检器。

4）配线

JM-A 型密贴检查器表示杆的接头铁的中心是密贴检查器的中心，因此在道岔左右侧安装时表示杆伸出位置不变，接点编号如图 6—17 所示。JM-A 型密贴检查器的接点组使用转辙机的接点组机构，仅是两组接点。在表示杆伸出方向为斥离接点 11～14，内侧为表示接点 21～24。

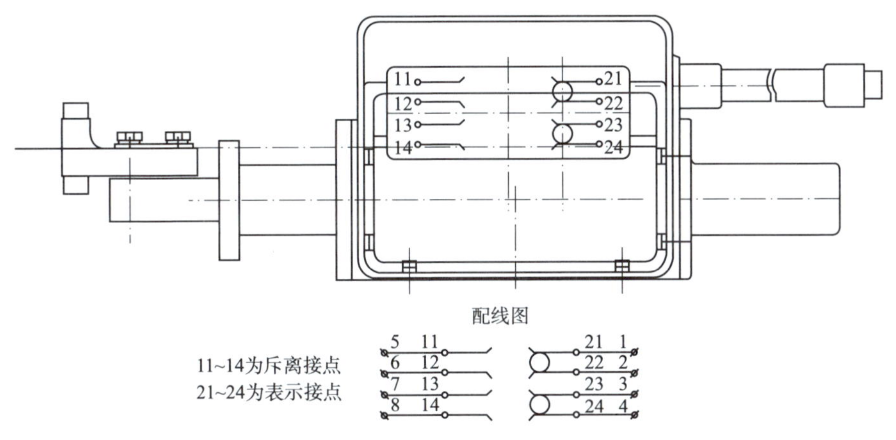

图 6—17 密贴检查器接点编号

机外配线经电线引入管引入，电线引入管是一根内径为 ϕ22 长 1 m 的空气胶管，安装时将接头板紧固在电缆盒上，如图 6—18 所示。安装密贴检查器的检查点线路两侧均需一个电缆盒，或者通过过道引线管将两侧密检器配线接入同一个电缆盒中。胶管接头与密贴检查器均有橡胶垫圈密封。

5）技术要点

（1）安装方式符合设计要求和相关技术标准的规定。

（2）密贴检查装置应安装牢固，螺纹部分清洁、润滑。

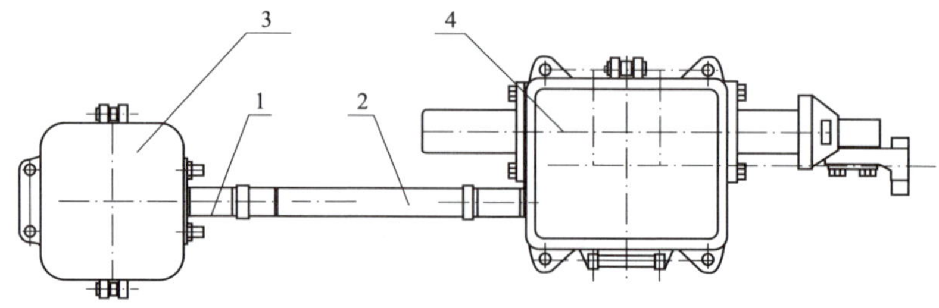

图 6—18 密贴检查器引线管安装

1—接头；2—胶管；3—电缆盒；4—密贴检查器

（3）开关组接通、断开良好；各部件绝缘良好无破损。

（4）各动作部件应动作灵活、无卡阻。

6）劳动组织

作业人员配备齐全，具体人员配置情况见表 6—7。

表 6—7 作业人员配备表

序号	岗位	人数	职责
1	施工负责人	1	负责施工组织
2	技术员	1	现场技术总负责
3	信号工	3	现场具体施工
4	普工	4	负责材料搬运
5	防护人员	4	负责现场安全防护

7）材料要求

（1）所用材料的产品合格证、出厂检验报告等齐全。

（2）所用材料经过相关单位检测合格后方能上道安装。

8）设备机具配置

设备机具配置见表 6—8。

表 6—8 设备机具配置表

序号	名称	规格型号	单位	数量	备注
1	撬棍		根	2	
2	活口扳手	300 mm	把	3	

续上表

序号	名称	规格型号	单位	数量	备注
3	活口扳手	450 mm	把	2	
4	眼镜扳手	27～30 mm	把	4	
5	榔头		把	2	
6	道岔专用工具		套	1	
7	数字万用表	Fluke17B +	块	1	
8	密贴检查块		块	1	
9	水平尺		把	1	

6.4.3 质量控制

1. 质量要求

1）道岔密贴检查器进场应进行验收，其规格、型号、质量应符合设计要求及相关技术标准的规定。

2）密贴检查器的斥离要求：

（1）当斥离位尖轨向基本轨移动13 mm及以上时，密贴检查器应断开斥离表示接点。

（2）当斥离位尖轨转换至距离定动程13 mm以内时，密贴检查器接通斥离表示接点。

3）符合高速铁路信号工程质量验收标准。

2. 质量检验

道岔密贴检查装置安装应符合下列要求：

（1）安装方式符合设计要求和相关技术标准的规定。

（2）密贴检查装置应安装牢固，螺纹部分清洁、润滑。

（3）开关组接通、断开良好；各部件绝缘良好无破损。

（4）各动作部件应动作灵活、无卡阻。

6.4.4 安全措施

（1）施工过程中所有机具、材料不得侵入铁路限界。

（2）施工过程中要设驻站联络员和安全防护员，负责施工安全联络及防护。

（3）道岔转换前确认尖轨与基本轨间无杂物，尖轨上无人员站立。

（4）设备搬运过程中采用搬运工具搬运，不能用手抬。

6.4.5 环保措施

将施工过程中产生的废弃物及时回收，统一处理，做到工完、料净、场地清。

6.4.6 建设效果及施工照片

建设效果及施工图片如图6—19所示。

图6—19 外锁闭装置安装示意图

6.5 道岔融雪装置安装

6.5.1 施工前提条件

1. 内业技术准备

在开工前组织技术人员认真学习实施性施工组织设计，阅读、审核施工图纸，澄清有关技术问题，熟悉规范和技术标准。制定施工安全保证措施，提出应急预案。对施工人员进行技术交底和上岗前安全技术培训。

2. 外业技术准备

融雪装置施工前应按程序对土建等相关工程施工的接口、作业面验收交接，并检查是否符合下列进场条件：

（1）预留的电缆槽、过轨管道应符合电缆施工要求。

（2）预留的道岔融雪控制柜基础、隔离变压器基础符合限界要求。基础螺栓相互间的距离、螺栓露出基础的高度应符合设备安装要求。

（3）在无砟轨道地段，两线路间预留的过轨管道应齐全。

6.5.2　施工方法及工艺标准

1. 道岔融雪装置施工程序

施工准备→现场测量→敷设融雪电缆→安装隔离变压器→安装加热条及加热板→敷设融雪尾缆→安装卡具及尾缆固定→配线→送电调试→清理施工场地。

2. 施工工艺

（1）电缆应采用压缩空气用织物增强橡胶软管防护，柜内穿线孔应密封；

（2）融雪控制柜到隔离变压器电力电缆应敷设在通信信号电缆槽内靠近线路侧，并采取物理隔离措施；

（3）融雪控制柜引入电力电缆穿越信号电缆槽道时采用压缩空气用织物增强橡胶软管隔离；

（4）电缆引入孔应采用防火封堵材料封堵。

3. 施工要求

1）道岔融雪控制柜应按下列要求进行安装：

（1）路基地段控制柜安装如图6—20所示。

①电气控制柜基础应采用热镀锌金属材料。

②电气控制柜正面（柜门）应背对线路。控制柜最凸出边缘距线路中心一般情况下为3 100 mm，特殊地段不得小于2 440 mm。

③基础埋深700 ~ 800 mm。基坑内基础底部整体采用高为150 mm混凝土进行灌注，中部用原土回填，上部（路基面以下）采用高为150 mm的混凝土进行灌注；路基面以上采用高150 mm的砖砌混凝土围台，其周边比基坑周边宽50 ~ 100 mm，顶面低于基础顶面150 mm ± 50 mm。

④在围台混凝土内的电缆应采用橡胶管防护，柜内穿线孔应密封。

⑤控制柜与基础连接牢固，箱体平整。

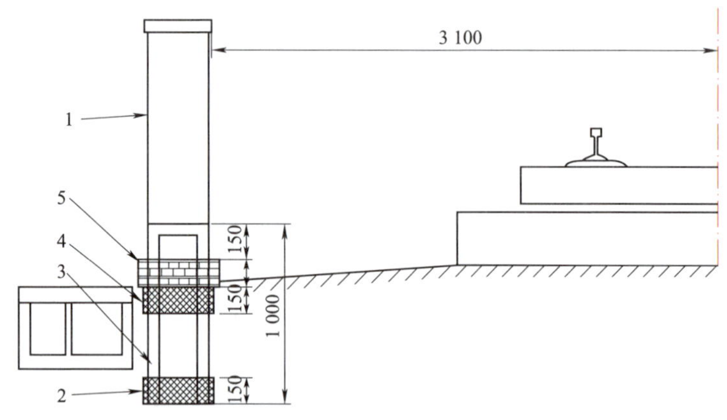

图 6—20　路基地段控制柜安装示意（单位：mm）

注：1—控制柜门；2—下部混凝土灌注层；3—镀锌角钢基础；
4—上部混凝土灌注层；5—防护围台

（2）桥梁地段

①控制柜安装在防护墙外侧，如图 6—21 所示。

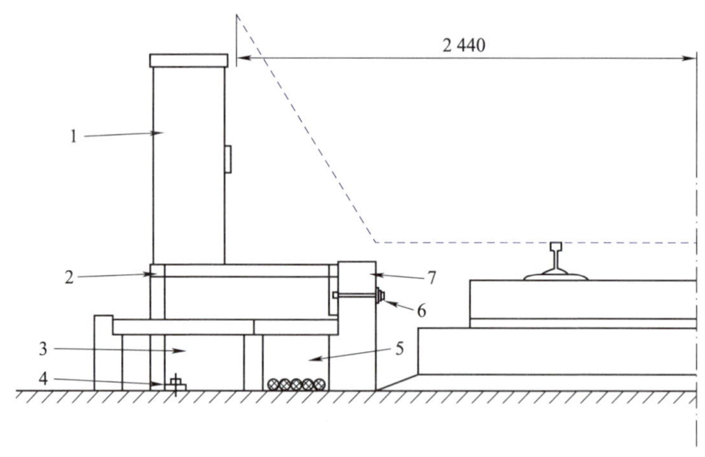

图 6—21　桥梁地段控制柜安装示意（单位：mm）

注：1—电气控制柜；2—基础支架；3—电力电缆槽；4—化学锚栓；
5—通信信号电缆槽；6—通透螺栓；7—防护墙

②防护墙内侧壁到线路中心距离为 1 900 mm 时，箱门应面向线路；靠防护墙侧的支架金属基础采用 M20 通透式防松螺栓和补强板，固定在防护墙上，另一侧基础支架应置于电力电缆槽道内。

③防护墙内侧壁到线路中心距离为2 200 mm时，箱门应背向线路。金属基础采用M20通透式防松螺栓和补强板，固定在防护墙上，基础支脚底板应置于电缆槽道隔墙上。

④金属基础严禁跨桥梁伸缩缝。

⑤电气控制柜最凸出边缘距所属线路中心不得小于2 440 mm，曲线地段按规定加宽。

⑥电气控制底部至电缆槽道间电缆防护应采用软管防护，柜内穿线孔应密封良好。

⑦电气控制柜与基础连接牢固，箱体平整。

⑧如基础采用混凝土整体灌注时，基础下部应预留2～3根直径为100 mm主干电缆通道和2～5根直径为65 mm的电缆引入通道。

2）隔离变压器应按下列要求安装：

（1）路基地段

①隔离变压器基础采用热镀锌金属材料。

②隔离变压器引入端子应面向所属道岔，设置位置应靠近加热条把手端。

③隔离变压器最凸出边缘距钢轨内缘不应小于1 500 mm。

④基础埋设及防护围台应符合标准规定。有砟地段基础顶面应与钢轨底面相平。

⑤隔离变压器引出线应采用胶管防护，并用Ω形卡具固定在轨道板或道床板上。

（2）桥梁地段隔离变压器

①隔离变压器应采用基础热镀锌金属材料。

②隔离变压器安装在防护墙外侧，引接线端子朝向线路侧。

③金属基础采用M20通透式防松螺栓和补强板，固定在防护墙上，基础支脚底板应支于电缆槽道隔墙的盖板上，且不悬空。

④金属基础严禁跨建筑物伸缩缝。

⑤隔离变压器底部距电缆槽盖板上表面150 mm±50 mm。

⑥防护墙至轨道板或道床板间悬空地段的隔离变压器引出线应采用PE管防护，并用Ω形卡具将PE防护管固定在轨道板或道床板上，Ω形卡具与轨道板或

道床板间用化学锚栓固定，化学锚栓增加防松螺帽。

3）电加热元件应按下列要求安装：

（1）电加热元件采用分体式，在安装和配线前应用500 V 兆欧表进行冷态绝缘测试，电加热元件中心电热材料和金属外壳间绝缘电阻不应小于25 MΩ。

（2）电加热元件安装前，应对安装部位的钢轨表面进行油污及锈层的打磨处理，并清洗干净。

（3）电加热元件直把手过渡段用专用卡具应固定在轨腰上，距尖轨尖端距离不应小于100 mm。

（4）电加热元件应安装在基本轨（翼轨）内侧轨腰，两根平行的电加热元件间隙不应小于20 mm。同一钢轨上纵向同侧安装的相邻电加热元件的间隙不应小于100 mm，并保证密贴检查器检测杆下部、道岔滑床板处、尖轨顶铁、心轨的可动翼轨等道岔可动部位上有加热元件。

（5）在每个轨枕间至少安装1组卡具对电加热元件进行固定，电加热元件与钢轨表面接触良好。

4）电热板应按下列要求进行安装：

（1）电热板安装前，应对安装位置周围的异物、油污进行清理。

（2）加热板固定装置应与钢轨、钢槽或轨道板连接牢固。

（3）钢轨下部连接螺栓应采用防松螺帽。

5）轨温传感器应按下列要求安装：

（1）轨温传感器应安装在距离控制柜最近道岔基本轨轨底，从岔尖往岔尾方向2～3 m 的位置。

（2）轨温传感器安装前，应对安装部位的钢轨表面进行油污及锈层的打磨处理，并清洗干净。

（3）轨温传感器应采用带防松螺母的卡具与轨底连接紧密。

6）气象站安装应符合下列要求：

（1）气象站每站设置1套，安装在咽喉区电气控制柜附近，周围应空旷、无遮挡，最凸出边缘距钢轨内缘不应小于1 500 mm。

（2）气象站基础应采用热镀锌金属材料。

（3）气象站安装应平整、稳固。

7）融雪装置设备间的电缆应按下列要求配置和防护：

（1）车站控制终端至电气控制柜、轨温传感器和控制柜间按照设计使用；电气控制柜至隔离变压器、电缆盒间应采用电力电缆。

（2）轨温传感器、隔离变压器、气象站的电缆露出部分应采用防护套管防护。

（3）融雪电力电缆敷设在电力电缆槽内，横穿信号电缆时需物理隔离防护。

8）室内控制终端应按下列要求施工：

（1）控制终端设备安装位置应与设计图相符。

（2）控制终端设备安装在防静电地板上时，设备下部应加装镀锌金属底座，底座高度应与防静电地板相平，底座与设备和地面连接牢固。无防静电地板时，控制终端设备应与水泥地面固定。

9）融雪装置安装完毕后，应进行手动和自动控制试验，确认工作正常。

10）道岔融雪控制柜配线：

（1）融雪用电缆芯线统一为红色芯线备用，盘成相同大小的圈（盘圈内径为 80 ~ 100 mm）并用扎带绑扎整齐。

（2）融雪控制柜中的信号电缆备用方式与融雪电力电缆备用方式保持一致。配线图如图 6—22 所示。

图 6—22　道岔融雪控制柜电缆配线图

4. 技术要求

（1）电加热元件中的电热材料和金属外壳间绝缘电阻不应小于 25 MΩ。

（2）直把手过渡段用专用卡具固定在轨腰上，距尖轨尖端距离不小于 100 mm。

（3）两根平行的电加热元件应安装在基本轨或翼轨内侧轨腰，其间隙不应小于 20 mm，纵向同侧安装的相邻电加热元件热端间隙不应小于 100 mm，且每个滑床板上的加热条应完整。

（4）电加热元件应与钢轨接触良好并用卡具固定牢固。

（5）电加热元件安装后不得影响道岔的正常转换。

5. 劳动组织

作业人员配备齐全，具体人员配置情况见表 6—9。

表 6—9 作业人员配备表

序号	岗位	人数	职责
1	施工负责人	1	负责施工组织
2	技术员	1	现场技术总负责
3	信号工	3	现场具体施工
4	普工	4	负责材料搬运
5	防护人员	4	负责现场安全防护

6. 材料要求

（1）所用材料的产品合格证、出厂检验报告等齐全。

（2）所用材料经过相关单位检测合格后方能上道安装。

7. 设备机具配置

设备机具配置见表 6—10。

表 6—10 设备机具配置表

序号	名称	规格型号	单位	数量	备注
1	发电机	5 000 W	根	2	
2	电镐		把	3	
3	发电机	5 000 W	把	2	
4	平板车		台	2	
5	配电箱		台	1	
6	小工具		套	4	

6.5.3 质量控制

1. 质量要求

1）电加热元件安装应符合下列要求：

（1）电加热元件中的电热材料和金属外壳间绝缘电阻不应小于25 MΩ。

（2）直把手过渡段使用专用卡具固定在轨腰上，距尖轨尖端距离不小于100 mm。

（3）两根平行的电加热元件应安装在基本轨或翼轨内侧轨腰，其间隙不应小于20 mm，纵向同侧安装的相邻电加热元件热端间隙不应小于100 mm，且每个滑床板上的加热条应完整。

（4）电加热元件应与钢轨接触良好并用卡具固定牢固。

（5）电加热元件安装后不得影响道岔的正常转换。

2）电加热板安装应符合下列要求：

（1）电加热板固定装置应与钢轨、钢槽或轨道板连接牢固。

（2）钢轨下部连接螺栓应有防松螺帽。

3）轨温传感器安装应符合下列要求：

（1）轨温传感器与岔尖距离应为2～3 m。

（2）轨温传感器应与轨底连接紧密、牢固，防松螺母齐全。

2. 质量检验

道岔融雪装置安装符合质量要求的标准。

6.5.4 安全措施

（1）施工过程中所有机具、材料不得侵入铁路限界。

（2）施工过程中要设驻站联络员和安全防护员，负责施工安全联络及防护。

（3）设备搬运过程中采用搬运工具，禁止用手抬。

6.5.5 环保措施

施工过程中产生的废弃物要及时回收，统一处理，做到工完、料净、场地清。

6.5.6 建设效果及施工照片

建设效果及施工图片如图 6—23 所示。

图 6—23　融雪设备安装图

第 7 章　信号机及标志牌安装

7.1　信号机安装

7.1.1　施工前提条件

1. 内业技术准备

在开工前组织技术人员认真学习实施性施工组织设计，阅读、审核施工图纸，澄清有关技术问题，熟悉规范和技术标准。制定施工安全保证措施，提出应急预案。对施工人员进行技术交底和上岗前安全技术培训。

2. 外业技术准备

（1）信号机安装地点的地形地物、限界符合安装要求。

（2）接触网支柱实际位置符合标志牌、信号机安装要求。

（3）接触网带电体、PW 保护线，符合高柱信号机安装及安全距离的要求。

（4）轨道电路绝缘节位置，符合信号设备安装要求。

（5）综合接地端子预留到位、接地电阻符合要求。

（6）混凝土信号机柱横向不得有裂纹，机柱纵向裂纹不超过 1 条，且宽度在 0.2 mm 以内，长度小于 1 000 mm，混凝土面无剥落现象，钢筋不得外露，机柱不得弯曲。

7.1.2　施工方法

1. 施工流程

信号机安装施工流程图如图 7—1 所示。

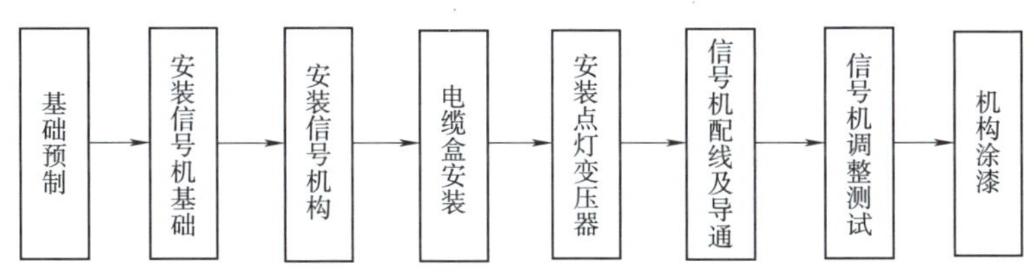

图 7—1　信号机安装施工流程图

2. 高柱色灯信号机施工方法

1）高柱信号机应采用高度为 8 500 mm，机柱梢径为 150 mm 的环形预应力混凝土信号机柱，机柱埋深不小于 1 700 mm。高柱进站信号机机柱中心至所属线路中心一般情况下为 3 100 mm，机构最凸出边缘距所属线路中心不小于 2 440 mm，最下方灯位中心距所属线路钢轨顶面不小于 3 500 mm。高柱进站信号机安装如图 7—2 所示。

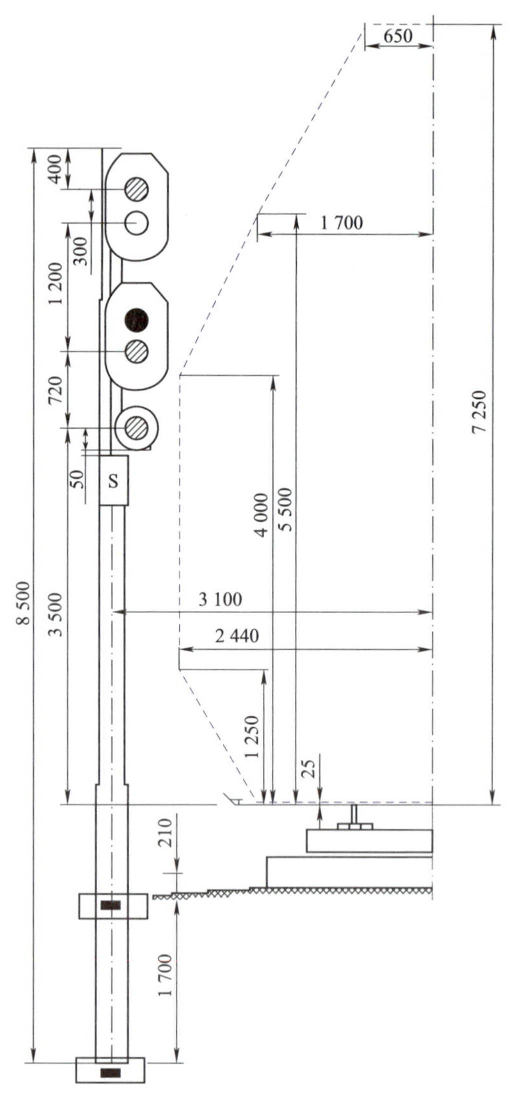

图 7—2　高柱信号机安装示意图（单位：mm）

2）机柱顶端及电线引入管口应使用水泥砂浆封堵。

3）机柱应垂直于地面装设，在距离钢轨顶面4 500 mm高处用吊线坠往下测量，其倾斜量不应大于36 mm。

4）同一机柱上同方向的各机构灯位中心，应在同一垂直线上（引导信号机构除外），固定机构的托架安装应水平。

5）机构各部件应齐全，无破损、裂纹。紧固件应平衡上紧；开口销双臂对称，劈开角度应为60°～90°。机构门关闭应严密，密封良好。

6）机构透镜应清洁、明亮，无斑点和裂纹，颜色符合设计要求。

7）机构光源应调整在透镜的焦点上。

8）机柱至机构间的线缆应采用橡胶软管防护。

9）信号机梯子应按下列要求安装：

（1）梯子各段配长符合产品技术文件要求，横撑与立面的铆（焊）接牢固。

（2）梯子中心应与机柱中心一致，梯子应平直，梯子支架应安装水平。

（3）梯子包箍与机柱连接牢固。

（4）梯子基础宜采用热镀锌金属基础。

10）信号设备的金属外缘与接触网带电部分的距离不得小于2 000 mm；与保护线距离应大于1 000 mm，当距离不足1 000 mm时，保护线应加绝缘防护，但最低不得小于700 mm。

11）当现场距离不能符合以上要求时，应报有关单位同意后，可采用矮型信号机。

3. 矮型色灯信号机施工方法

1）矮型色灯信号机安装高度、机构间距、基础埋深和安装限界应符合设计规定。当埋深达不到设计要求时，应采取加固措施。路基直线地段矮型信号机安装限界符合《高速铁路信号工程施工质量验收标准》TB 10756—2018。因线间距离不能符合标准安装要求时，应适当降低安装高度。曲线地段应按规定加宽。

2）信号机基础安装，应符合下列要求：高铁有防水层的级配碎石道床地段，均采用金属底座。底座埋设深度不应小于500 mm，地面以上采用150 mm高的混凝土并砖砌围台。

3）矮型双机构信号机进路表示器，应安装在列车允许显示（绿灯）灯位下部连接器上，当表示器为 1 个时，表示器应安装在连接器的中部连接孔上，表示器为 2 ~ 3 个时，应以列车允许显示（绿灯）灯位中心为轴线，分清左右方向，其方向应与线路所在位置相一致。

4）路基地段信号机安装

（1）矮型进站信号机四显机柱顶面高出钢轨顶面 100 ~ 150 mm，三显机构最突出边缘距所属线路中心应不小于 2 440 mm；

（2）矮型出发信号机机柱顶面高出钢轨顶面 200 ~ 300 mm，机构最突出边缘距所属线路中心应不小于 2 440 mm。机构顶面高度不高出钢轨面 1 000 mm。

（3）矮型调车信号机机柱顶面高出钢轨顶面 200 ~ 300 mm，机构最突出边缘距所属线路中心应不小于 2 200 mm。

5）桥梁地段信号机安装

（1）进站信号机安装在防护墙外侧：信号机金属基础架采用 M20 通透式防松螺栓和补强板固定在防撞墙（挡砟墙）外侧，机构最突出边缘距线路中心不应小于 2 440 mm。基础架严禁跨建筑物伸缩缝安装。进站信号机安装在防护墙外侧如图 7—3 所示。

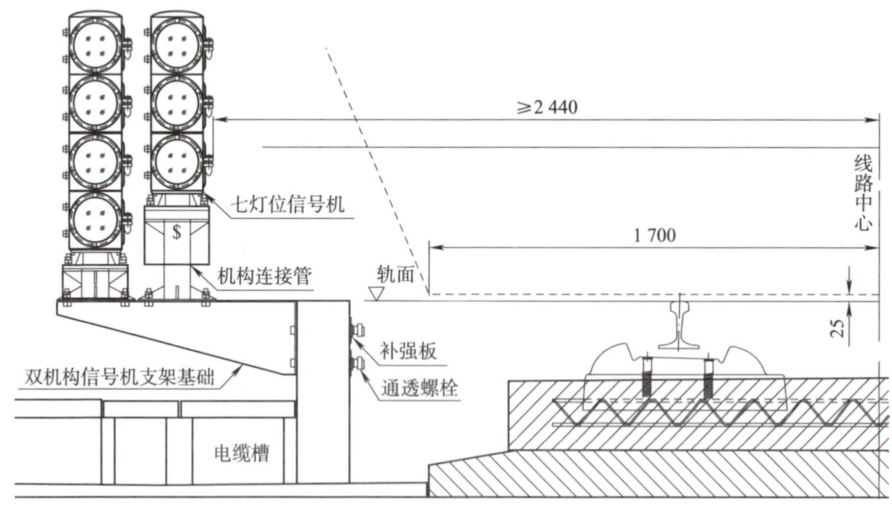

图 7—3　进站信号机安装在防护墙外侧示意图（单位：mm）

（2）出发信号机安装在防护墙外侧：信号机金属基础架采用 M20 通透式防松螺栓和补强板固定在防撞墙（挡砟墙）外侧，机构最突出边缘距线路中心不应小于 2 440 mm。基础架严禁跨建筑物伸缩缝安装。出发信号机安装在防护墙外侧如图 7—4 所示。

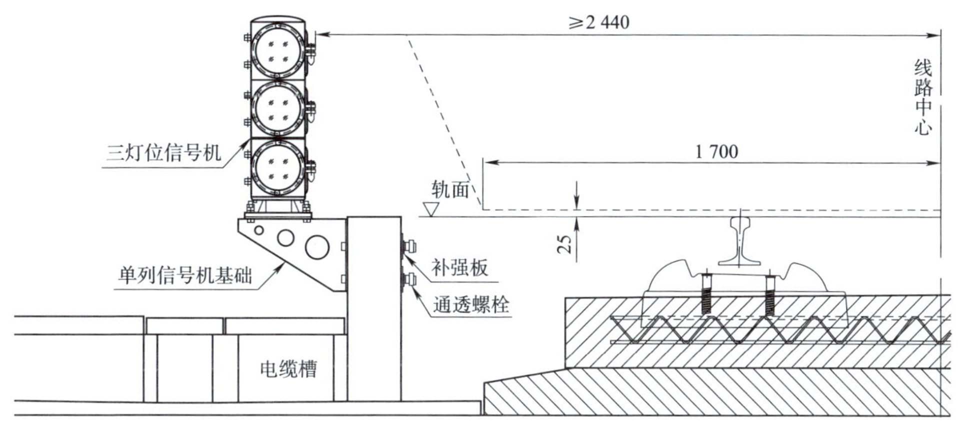

图 7—4　出发信号机安装在防护墙外侧示意图（单位：mm）

6）全线采用统一信号机反光标牌，安装在信号机、箱盒金属基础上。

7）信号机机构内或机构至箱盒之间采用配线电缆，线径不小于 1.5 mm^2。

4. 劳动组织

人员配备见表 7—1。

表 7—1　人员配备表

序号	岗位	人数	职责
1	施工负责人	1	负责施工组织
2	技术员	1	现场技术总负责
3	信号工	3	现场具体施工
4	普工	4（高柱时 20 人）	负责材料搬运
5	防护人员	4	负责现场安全防护

5. 材料要求

（1）机构各部部件应齐全，不得有破损、裂纹现象。紧固件应平衡上紧，信号机构门关闭应严密，密封良好。

（2）色灯信号机构的色玻璃及透镜应清洁、明亮。

（3）信号机梯子、矮型信号机基础规格、材料符合产品技术文件要求。

6. 工机具配置

工机具配置见表7—2。

表7—2 工机具配置表

序号	名称	规格型号	单位	数量	备注
1	卷尺	5 m	把	1	
2	铁锹		把	若干	
3	镐		把	若干	
4	钢钎		根	2	
5	对讲机	Motorolaa8i	台	5	
6	彩条布		m^2	若干	
7	尼龙编织袋		个	若干	
8	线坠		个	1	
9	滑轮		个	1	
10	吊杆		根	1	

7.1.3 质量控制

（1）信号机建筑接近限界符合铁路建筑限界要求，所有信号设备均不得侵入建筑限界。

（2）信号机的设置位置和显示方向应保证使接近的列车或车列不至误认为邻线的信号机。

（3）信号机构内设备应安装牢固，光源应调整在透镜的焦点上。

（4）高柱信号机与地面垂直度符合规范要求。

（5）路基地段开挖基坑后应按照原标准恢复防水层。

7.1.4 安全措施

（1）信号机杆在搬运前要检查机杆的质量，绳索、工具是否符合安全规定，要配齐人力、运输，搬运中按规定装卸运输，在线路上运输时要按规定设好防护。

（2）线路上挖机坑，要防止道床塌陷、滑坡，采取加固措施，车来时及时出坑躲让。机坑内不能作业，如有特殊情况机坑内必须作业，应作好防护措施。

（3）立信号机杆要到车站登记，并按规定站好防护，对机具要进行检查、配足劳力。立杆时必须在过车后进行作业，机具、材料严禁侵限，杆立好后要对回填的土方进行夯实，在地下 50 cm 处安装卡盘，回土夯实，防止机杆倾斜。最后把道床整理平整，恢复原貌。

（4）在信号机上作业，必须佩戴安全带，安全带应挂在人体上方牢固可靠处，严禁上下同时作业，严禁抛扔工具、材料，工具和材料应放在工具袋内。

（5）信号机在未开通使用前，机构向线路外侧转 90°，并挂好无效标。

7.1.5　环保措施

作业完毕，应对施工区域环境进行清理，做到工完、料净、场地清。

7.1.6　建设效果及施工图片

建设效果及施工图片如图 7—5 所示。

图 7—5　信号机安装图

7.2 信号标志牌安装

7.2.1 施工前提条件

1. 内业技术准备

在开工前组织技术人员认真学习实施性施工组织设计，阅读、审核施工图纸，澄清有关技术问题，熟悉规范和技术标准。制定施工安全保证措施，提出应急预案。对施工人员进行技术交底和上岗前安全技术培训。

2. 外业技术准备

（1）各类标志牌位置复测完毕。

（2）核对桥隧地段安装位置钻孔植栓完毕。

（3）核对接触网支柱上的区间信号标志牌及号码牌是否与在接触网支柱上的设备发生位置冲突。

7.2.2 施工方法

1. 施工流程

（1）安装于接触网支柱上的标志牌施工程序

施工准备→作业调查、复测→标志牌安装→清理现场→施工结束

（2）非安装于接触网支柱上的标志牌施工程序

施工准备→作业调查、复测→路基地段基础埋设（或桥隧地段钻孔）→标志牌安装→清理现场→施工结束

2. 施工方法

1）调谐区标志牌安装应符合下列要求：

（1）调谐区标志牌安装在调谐区两端，调谐区标志牌距匹配变压器（BP）纵向距离为2 000 mm。“Ⅰ”型（白底）标志牌设于信号点调谐区的另一端，与区间信号标志牌背对背安装。“Ⅲ型”（蓝底）标志牌设于分割点调谐区两端，两个“Ⅲ型”标志牌背对背安装。

（2）路基及有砟桥梁地段调谐区标志牌，应安装在带热镀锌金属基础的热镀锌金属柱上。标志牌顶部高于钢轨顶面200～260 mm，调谐区标志牌最突出边缘距所属线路钢轨内缘不小于1 500 mm。

（3）无砟轨道桥梁地段调谐区标志牌应做成“V”字形，安装在靠近线路的防护墙内侧壁。

（4）防护墙靠线路侧边缘至线路中心为2 200 mm的直线地段，有CPⅢ精测网时，标志牌顶部低于防护墙顶面150 mm ± 15 mm；无精测网时，标志牌顶部不应高于防护墙顶面。防护墙靠线路侧边缘至线路中心为1 900 mm时，标志牌顶面不得高于钢轨顶面；曲线地段按限界规定降低安装高度。调谐区桥梁地段Ⅰ、Ⅲ型标志牌安装示意如图7—6所示。

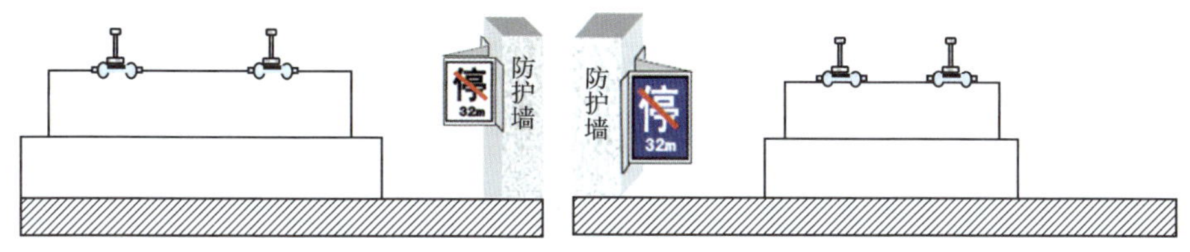

图7—6 调谐区桥梁地段Ⅰ、Ⅲ型标志牌安装示意图

（5）有砟轨道桥梁地段调谐区标志牌可安装在专用金属柱上，专用金属柱应固定在防护墙外侧，调谐区标志牌底部高于防护墙顶面150 mm ± 15 mm，调谐区标志牌最突出边缘至线路中心不得小于2 440 mm，并安装端正牢固。

（6）受限界影响调谐区标志牌也可安装在隧道壁上，调谐区标志牌安装在隧道壁上时，调谐区标志牌底部高于钢轨顶面1 600 mm ± 15 mm，并安装端正牢固。

2）预告标安装应符合下列要求：

（1）预告标分别为一、二、三条黑斜杠的白底标志牌，三个预告标应安装在正向及反向进站信号机外方900 m、1 000 m、1 100 m处就近接触网支柱上。

（2）设于接触网支柱时，标志牌顶端距钢轨顶面为1 900 ~ 2 000 mm，最突出边缘距所属线路中心不应小于2 440 mm。区间接近标志牌在接触网支柱上安装示意如图7—7所示。

（3）因条件限制不能安装在接触网支柱上时，应符合下列要求：

①路基地段的预告标，应安装在带热镀锌角钢基础的热镀锌金属柱上。标志牌顶端距钢轨顶面为1 900 ~ 2 000 mm，最突出边缘距所属线路中心不应小于2 440 mm。

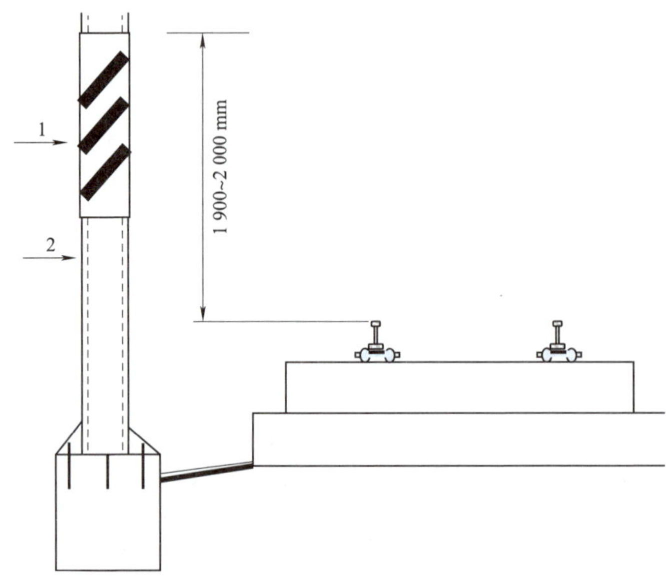

图 7—7 区间接近标志牌在接触网支柱上安装示意图

注：1—预告标志牌（斜杠有 3 条 2 条 1 条）；2—接触网支柱

②无砟轨道桥梁地段预告标，应采用“V”字形标志牌，安装在防护墙内侧。防护墙靠线路侧边缘至线路中心为 2 200 mm 的直线地段，有 CPⅢ精测网时，标志牌顶部低于防护墙顶面 150 mm ± 15 mm；无精测网时，标志牌顶部不应高于防护墙顶面。

③有砟轨道桥梁地段或无砟防护墙靠线路侧边缘至线路中心为 1 900 mm 的地段，预告标可安装在防护墙外侧的金属柱上，标志牌底部应高于防护墙顶面 150 mm。

3）级间转换标安装应符合下列要求：

（1）级间转换标采用白底色、黑框，写有黑“C2”或“C3”标记的反光标志牌。级间转换标志应设于级间转换应答器组对应的就近接触网支柱上（注：级间转换标志牌设在级间转换的应答器组附近，但不要越过应答器组装设备）。

（2）级间转换标下边缘距钢轨顶面为 1 600 mm ± 50 mm。

4）中继站标志牌安装应符合下列要求：

（1）中继站标志牌装设于中继站应答器组邻近的接触网支柱上，该标志牌不宜越过相应应答器组。

（2）中继站标志牌靠近线路内侧的距离不应小于 2 440 mm。

（3）中继站标志牌与应答器上下行分别设两处，正向与 ZJ1 相对应，反向与 ZJ2 相对应，两个标志牌背对背安装设置。标志牌尺寸高为 800 mm、宽为 350 mm，标志牌下边缘距钢轨顶面 1 600 mm ± 50 mm。安装示意如图 7—8 所示。

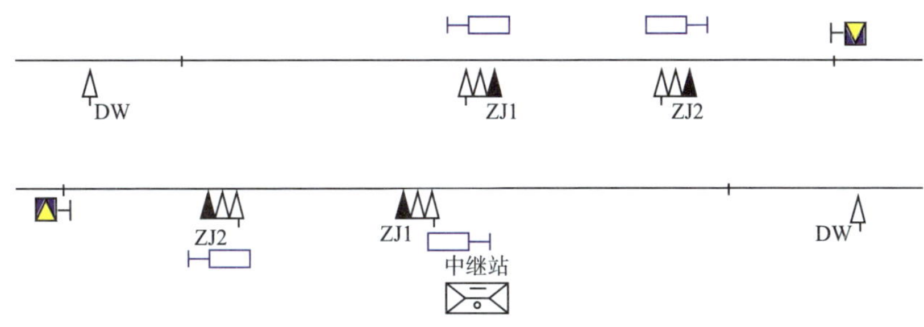

图 7—8　中继站标志牌安装示意图

5）直埋光（电）缆径路应按规定设置防护标牌、电缆标：

（1）在铁路信号、通信光（电）缆埋设、铺设地点，设电缆标。

（2）安全保护区以内的光（电）缆，直线径路每隔 50 m 及穿越铁路、道路、障碍物（如大型管路、高压电缆等）、河流两侧等处，应设光（电）缆标。

（3）安全保护区以外的光（电）缆径路每隔 100 m 及穿越障碍物、公路、河流两侧等处，应设警示牌。

（4）地下接续、径路转向和分歧地点，应设置光（电）缆标。

3. 劳动组织

人员配备见表 7—3。

表 7—3　人员配备表

序号	岗位	人数	职责
1	施工负责人	1	负责施工组织
2	技术员	1	现场技术总负责
3	信号工	2	现场具体施工
4	普工	4	负责材料搬运
5	防护人员	4	负责现场安全防护

4. 材料要求

各类标志牌、标牌支架规格、材料根据工作计划配置。

5. 工机具配置

工机具配置见表7—4。

表7—4 工机具配置表

序号	名称	规格型号	单位	数量	备注
1	发电机	6 000 W	台	1	
2	专用模具		套	1	
3	电锤钻	GBH2000RE	台	1	
4	扳手		套	1	
5	榔头		把	1	
6	小工具		套	1	
7	水平尺		把	1	
8	活动扳手	250 mm	把	4	

7.2.3 质量控制

（1）标志牌规格、型号符合设计规定。

（2）标志牌不应变形，反光面不应划伤、破损。

（3）标志牌支架与路基、防撞墙应固定牢固，应加防松螺母。

7.2.4 安全措施

（1）作业人员进入现场，必须穿安全防护服，并根据相关要求配置其他防护用品（安全帽、防护灯、通信工具等）。

（2）应设安全防护员，要求持证上岗，带齐防护用具。

（3）电气化区段上道施工必须穿绝缘鞋。

（4）机具、材料不得侵入限界。

（5）使用发电机时应使用专用插头，电源插座必须有漏电保护器。

（6）室外雨中禁止使用发电机和电动工具。

7.2.5 环保措施

作业完毕，应对施工区域环境进行清理，做到工完、料净、场地清。

7.2.6 建设效果及施工图片

建设效果及施工图片如图 7—9 所示。

图 7—9 警示牌安装示意图

第 8 章　轨道电路安装

8.1　轨旁设备安装

8.1.1　施工前提条件

1. 内业技术准备

在开工前组织技术人员认真学习实施性施工组织设计，阅读、审核施工图纸，澄清有关技术问题，熟悉规范和技术标准。制定施工安全保证措施，提出应急预案。对施工人员进行技术交底和上岗前安全技术培训。

2. 外业技术准备

（1）施工前，对现场位置进行复测，作为施工的依据。

（2）施工所需的工机具已准备齐全，且性能良好。

（3）轨道电路设备以及相应的安装基础支架已到货，并已检验合格，具备安装的条件。

8.1.2　施工方法

1. 施工流程

调查、复测→基础支架安装→设备安装→各种连接线安装固定→清理现场。

2. 施工方法

1）调谐区设备安装位置

（1）调谐单元、匹配变压器（BA、BP）设于调谐区两端，区间空芯线圈（SVA）设于调谐区中间。

（2）调谐区两端的调谐单元（BA）应与所属区段的频率相符，并符合设计规定。

（3）调谐区长度应符合设计规定。调谐区长度根据轨道结构的不同进行确认。调谐区内的轨枕板应相同，地形应相同，当调谐区处于桥梁过渡板处、混合板处、混合地形处，特殊钢结构桥梁时，应调整调谐区位置，并报设计确认。一般情况下路基地段为 30 m，桥梁地段为 32 m。

2）调谐区设备不得安装在无砟轨道两块轨道板的接缝处。

3）路基（非级配碎石）地段双体防护盒基础坑约为 600 mm 长、400 mm 宽、500 ~ 550 mm 深。防护盒边缘至钢轨内缘不应小于 1 500 mm。基础埋深不应少于 500 mm，基础顶面应高于地面 300 mm；设备防护盒顶面应不高于所属线路的钢轨顶面。防护围台应符合标准，如图 8—1 所示。

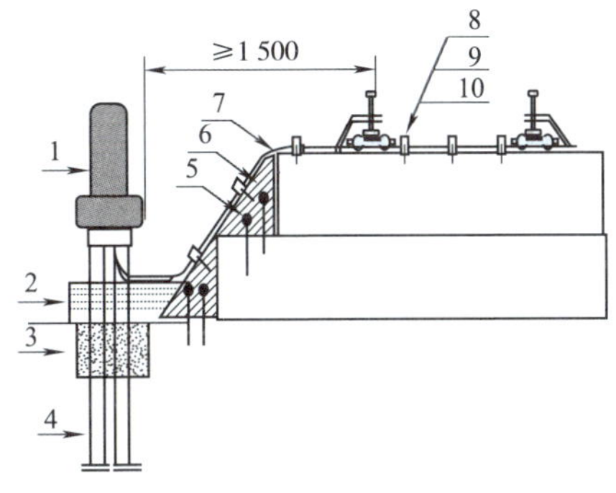

图 8—1　路基（非级配碎石）地段双体防护盒安装示意图（单位：mm）

注：1—设备防护罩；2—防护围台；3—混凝土灌注层；4—角钢基础；5—钢筋；6—混凝土斜坡；7—钢轨引接线；8—Ω 形电缆卡具；9—防松螺母；10—化学锚栓

4）T 梁结构桥梁地段设备防护罩与方向盒安装方式相同，金属支架采用 M16 防松螺栓安装在固定于护栏内侧的槽钢上，T 梁结构桥梁单、双体防护盒安装示意如图 8—2 所示。

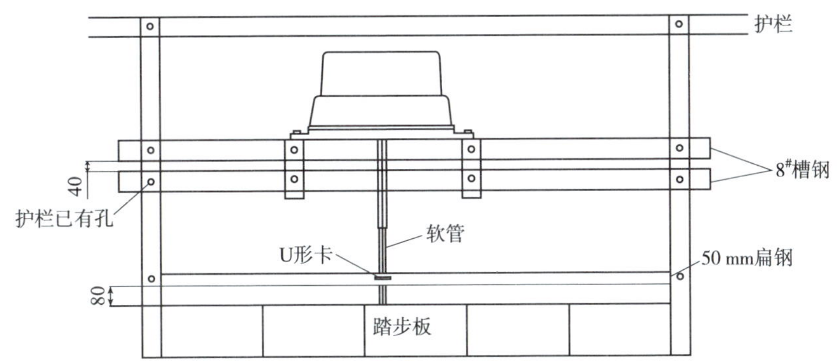

图 8—2　T 梁结构桥梁单、双体防护盒安装示意图（单位：mm）

5）箱梁结构桥梁地段金属支架应采用 M16 通透式防松螺栓和补强板固定在防护墙外侧。设备防护罩不得侵入限界。无砟桥防护墙至轨道板间悬空的钢轨引接线应绑扎在一起，采用黑色热浸塑钢管进行防护，管口采用防火泥或“T”形堵头封堵。防护盒支架与方向盒支架面平齐。箱梁结构桥梁单、双体防护盒安装示意如图 8—3 所示。

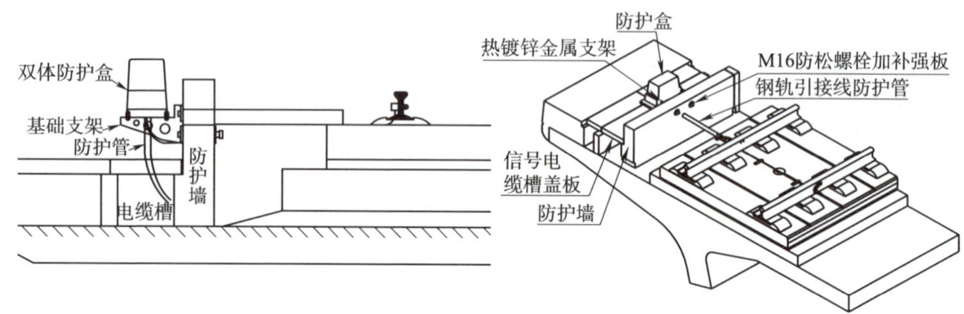

图 8—3　箱梁结构桥梁单、双体防护盒安装示意图

6）隧道内电气绝缘节设备防护盒应采用热镀锌金属支架用 M8 膨胀螺栓安装在电缆槽顶面上，隧道地段单、双体防护盒其安装方式如图 8—4 所示。

图 8—4　隧道地段单、双体防护盒安装图

7）ZPW-2000 机械绝缘节处设备应按下列要求进行安装：

（1）进站口机械绝缘节处设备安装如图 8—5 所示。

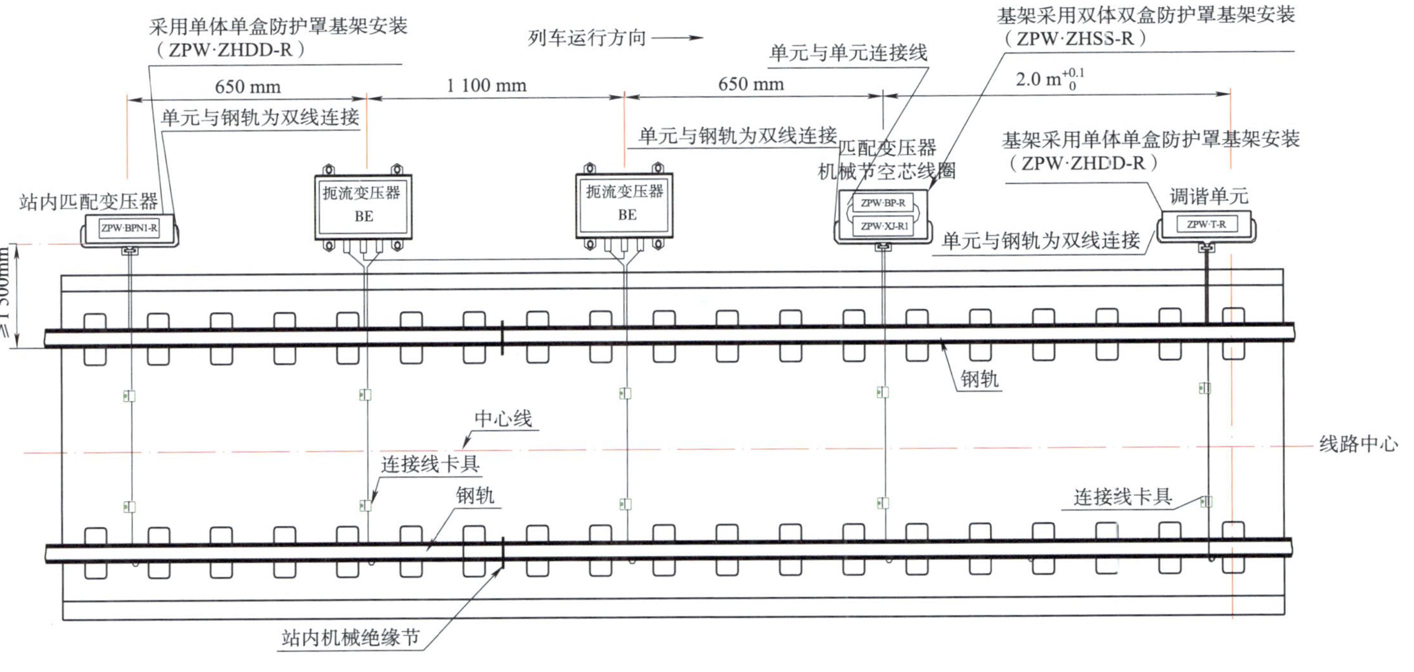

图 8—5　进站口机械绝缘处设备布置示意图

①匹配变压器（BP）和机械绝缘空芯线圈（SVA）背对背安装在同一设备防护罩内。安装在所防护设备同一防护罩内。设备防护罩中心至扼流变压器中心距离650 mm。匹配变压器与机械绝缘节空芯线圈采用10 mm^2 多股铜线连接。

②在路基地段或防护墙外侧时，调谐单元、匹配变压器应远离线路侧安装；在隧道内靠近线路侧的电缆槽外壁时，调谐单元、匹配变压器应靠近线路侧安装。

③扼流变压器中心距机械绝缘节距离为550 mm，两扼流变压器中心为1 100 mm。

④站内匹配单元中心（ZPW・BPN1-R）距扼流变压器中心距离为650 mm。

（2）站内轨道区段机械绝缘节处设备布置如图8—6所示。

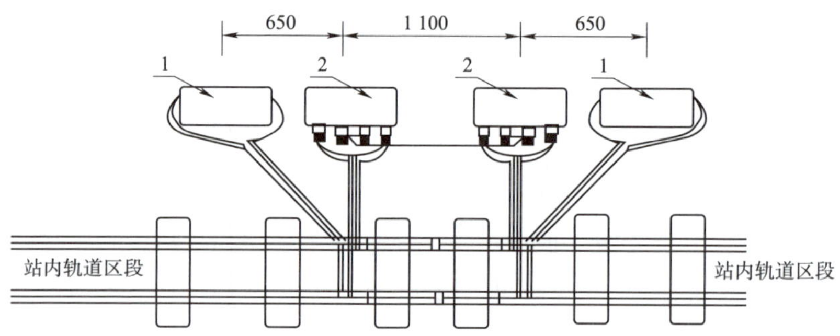

图8—6 站内轨道区段机械绝缘处设备布置示意图（单位：mm）

注：1—站内匹配变压器；2—扼流变压器

①扼流变压器中心距机械绝缘节为距离550 mm，两扼流变压器中心为1 100 mm。

②站内匹配单元中心（ZPW・BPN1-R）距相邻扼流变压器中心分别为650 mm。

8）ZPW-2000R电气绝缘节设备布置安装如图8—7所示。

9）轨道板的连接线、防护管施工应按下列方法安装，轨道板连接线安装示意如图8—8所示。

（1）采用卡具固定在轨道板上，固定螺栓必须采用化学锚栓。

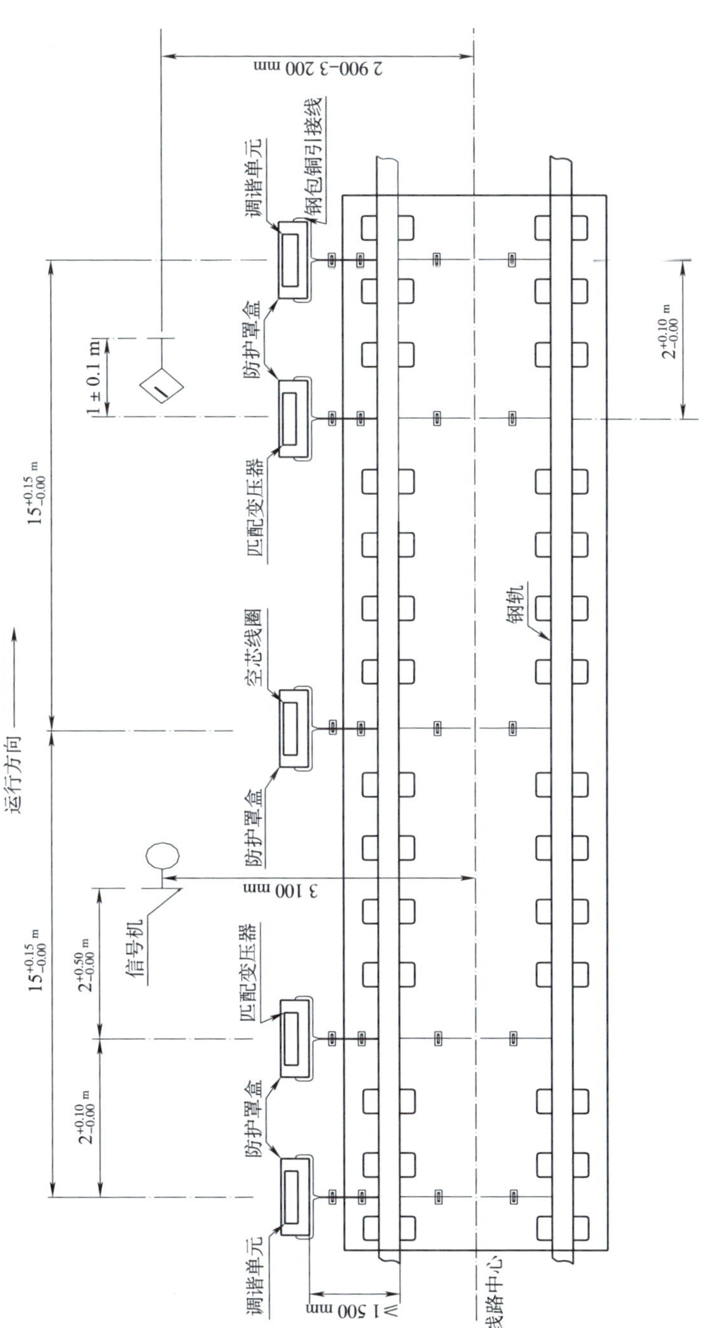

图8—7 电气绝缘节轨道电路设备安装示意图

图 8—8 轨道板连接线安装示意图

（2）用钢筋定位仪探头在钻孔位置上分别做横向和纵向扫描，对于每探测到的一处横向钢筋或纵向钢筋，应至少探测两个点位，以便确定钢筋走向。

（3）如钻孔位置与实测钢筋位置重合，则应根据实际情况适当调整钻孔位置。

（4）M8 ×70 mm 化学锚栓的钻孔深度为 45 mm，卡具处植栓深度 40 mm，化学锚栓植栓深度 35 mm，螺栓孔中心距轨枕板边缘不应小于 50 mm。

（5）安装孔钻好后，应使用配套专用清孔刷、吹气泵清理出孔内的尘土和碎末。

（6）将化学胶放入孔内，用电钻将螺杆及胶黏部分全部旋入钻孔。

（7）凝胶过程严禁碰动螺杆，硬化过程螺杆不得受力。

（8）化学胶完全硬化后再固定连接物。

（9）凝胶、硬化时间、环境温度应符合产品使用说明的要求。

3. 劳动组织

人员配备见表 8—1。

表 8—1 人员配备表

序号	岗位	人数	职责
1	施工负责人	1	负责施工组织
2	技术员	1	现场技术总负责
3	信号工	2	现场具体施工
4	普工	4	负责材料搬运
5	防护人员	4	负责现场安全防护

4. 材料要求

(1) 安装支架采用热镀锌处理。

(2) 安装前应检查安装支架各部件及附件的完好和齐全。

(3) 连接线、道岔跳线的规格、型号应符合标准规定。

5. 工机具配置

工机具配置见表8—2。

表8—2　工机具配置表

序号	名称	规格型号	单位	数量	备注
1	发电机	6000 W	台	1	
2	专用模具		套	1	
3	电锤钻	GBH2000RE	台	1	
4	钢轨钻孔机	DZG-31	台	1	
5	钢卷尺	5 m	套	1	
6	榔头		把	1	
7	活动扳手	250 mm	套	1	
8	专用倒角工具		把	4	
9	小工具		套	2	

8.1.3　质量控制

(1) 轨旁设备安装应稳固、整齐，并不得侵入限界。

(2) 轨旁设备与基础连接螺栓、轨道板上的固定卡具螺栓等应采取防松措施。

8.1.4　安全措施

(1) 作业人员进入现场，必须穿安全防护服，并根据相关要求配置其他防护用品。

(2) 应设安全防护员，要求持证上岗，带齐防护用具。

(3) 电气化区段上道施工必须穿绝缘鞋。

(4) 机具、材料不得侵入限界。

(5) 使用发电机时应采用专用插头，电源插座必须有漏电保护器。

(6) 室外雨雪天气禁止使用发电机和电动工具。

8.1.5 环保措施

作业完毕，应对施工区域环境进行清理，做到工完、料净、场地清。

8.1.6 建设效果及施工图片

建设效果及施工图片如图 8—9 所示。

图 8—9 轨旁设备安装图

8.2 补偿电容安装

8.2.1 施工前提条件

1. 内业技术准备

在开工前组织技术人员认真学习实施性施工组织设计，阅读、审核施工图纸，澄清有关技术问题，熟悉规范和技术标准。制定施工安全保证措施，提出应急预案。对施工人员进行技术交底和上岗前安全技术培训。

2. 外业技术准备

（1）工程作业前，应根据设计图纸对补偿电容的安装位置进行定测，并做好标记。

（2）对使用的工具、机具进行检查，确认性能指标合格。

8.2.2 施工方法

1. 施工流程

施工准备→测量区段长度→根据设置原则计算电容步长→补偿电容定位→轨道板钻孔或电容支架安装→电容安装固定→钢轨打眼→连接线安装固定→清理现

场→施工结束。

2. 技术要求

补偿电容应按下列要求进行布置：

1）补偿电容间隔应根据设计图进行布点。

2）补偿电容按照相等间距原则进行布置。

3）区间轨道电路的补偿电容设置原则。调谐单元与主轨道第一个补偿电容距离为 $\Delta_1 \pm 1$ m。主轨道补偿电容为等间距补偿，轨道区段补偿电容的理论间距根据轨道电路区段长度和补偿电容数量确定。Δ_1 为 75 m。

（1）两端为电气绝缘节的轨道电路补偿电容布置如图 8—10 所示。

具体设置和计算方法如下：

需要补偿的轨道电路区段长度 L_0 = 轨道电路区段长度 $L - 2 \times$ 半个调谐区长度 L_1，间距 $\Delta =$（$L_0 - 2 \times \Delta_1$）/（补偿电容数量 $n - 1$）

（2）一端电气绝缘节，一端机械绝缘节的轨道电路补偿电容布置如图 8—11 所示。

需要补偿的轨道电路区段长度 L_0 = 轨道电路区段长度 $L -$（2 + 半个调谐区长度 L_1），间距 $\Delta =$（$L_0 - 2 \times \Delta_1$）/（补偿电容数量 $n - 1$）

（3）站内股道、无岔区段及有岔区段轨道电路的补偿电容设置原则

该类型为采用站内一体化轨道电路结构。绝缘节与轨道第一个补偿电容距离为 $\Delta_1 \pm 1$ m。轨道补偿电容为等间距补偿，轨道区段补偿电容的理论间距根据轨道电路区段长度和补偿电容数量确定。站内一体化轨道电路补偿电容布置如图 8—12 所示。

（4）补偿电容实际安装位置与理论计算位置允许偏差 ±500 mm，对于站内道岔区段岔心处的补偿电容的安装位置允许公差为 ±10.0 m，其余的一般按区间补偿电容的安装位置允许公差原则处理。

3. 施工方法

1）补偿电容在无砟轨道地段应按下列要求进行安装：

（1）补偿电容在轨道板立面安装，电容连接线安装在轨道板中间。

（2）补偿电容连接线应采用钢丝编织胶管进行防护。电容连接线套管应采用 Ω 形卡具固定轨道板或道床板上。

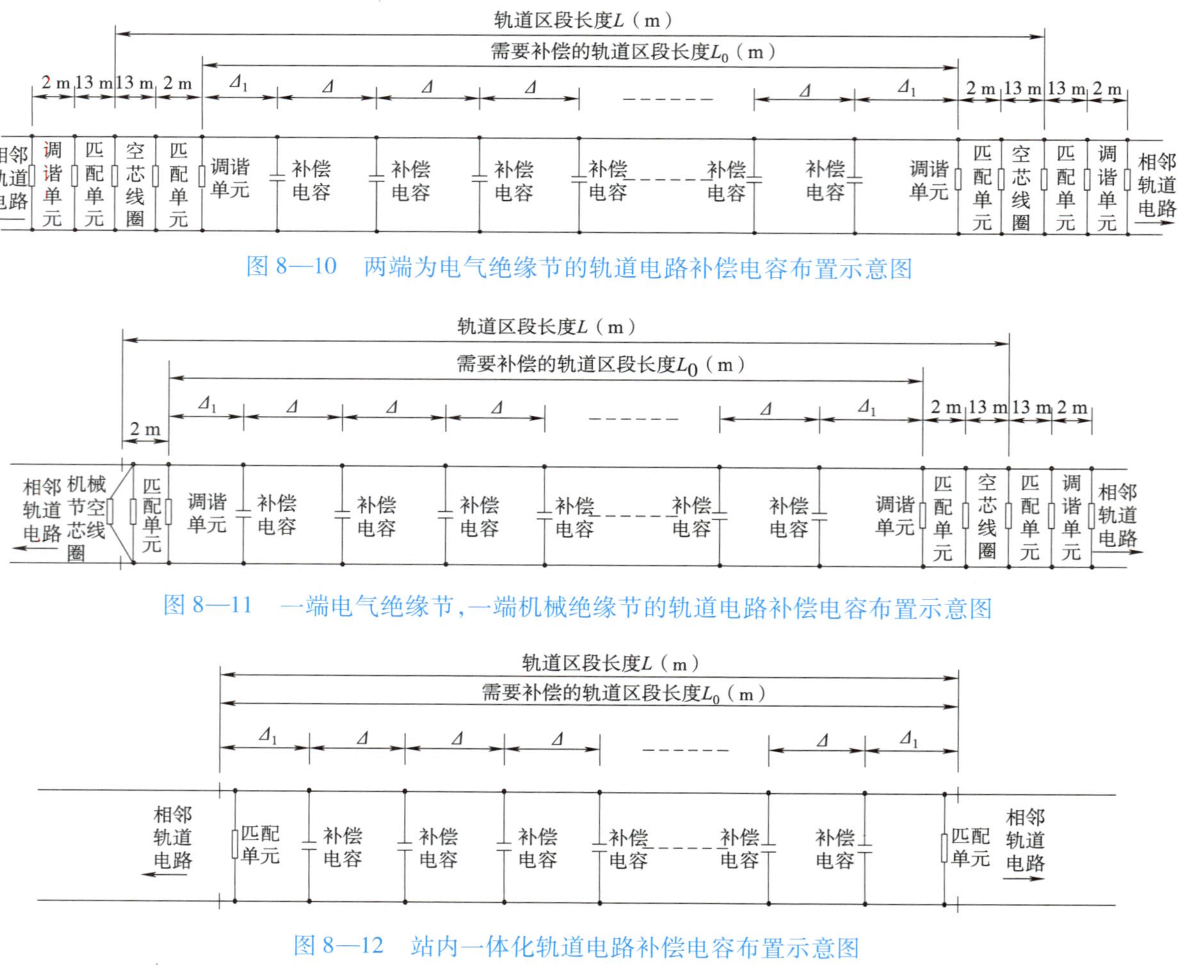

图 8—10　两端为电气绝缘节的轨道电路补偿电容布置示意图

图 8—11　一端电气绝缘节，一端机械绝缘节的轨道电路补偿电容布置示意图

图 8—12　站内一体化轨道电路补偿电容布置示意图

（3）补偿电容引接线应采用9.8 mm 规格塞钉，使用倒角钻头两侧倒边，塞钉从钢轨外侧打入轨道，塞钉与钢轨连接紧密，塞钉露出钢轨内侧 1 ~4 mm，塞钉与钢轨连接处涂漆封闭。

（4）轨道板或道床板上的化学锚栓应采用防松螺帽。

（5）补偿电容严禁安装在轨道板防滑墩上，如遇到防滑墩，电容按照要求适当移位错开轨道板防滑墩。

（6）补偿电容不得安装在无砟轨道两块轨道板的接缝处。如遇到，按照要求适当移位。补偿电容在轨道板或道床板侧面安装示意如图 8—13 所示，用防护板与轨枕连接牢固。

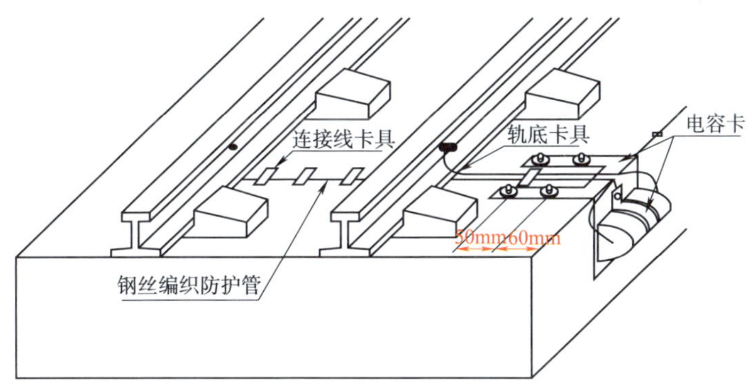

图 8—13　补偿电容在轨道板或道床板侧面安装示意图

（7）补偿电容应安装在电容枕内。无电容枕时，补偿电容应采用专用支架或螺栓将补偿电容安装在列车正向运行的轨枕背面。补偿电容在轨枕侧面安装如图 8—14 所示。

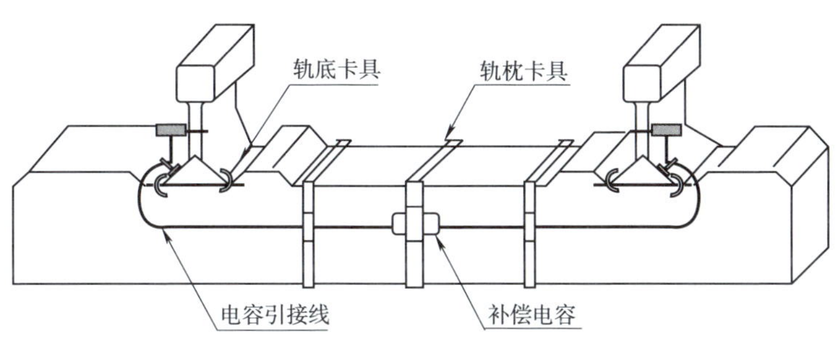

图 8—14　补偿电容在轨枕侧面安装示意图

（8）宽型轨枕板的补偿电容可固定在轨枕板端部立面上。在钢轨中间的连接线应采用三点固定方式，安装在两轨枕板间的“V”形槽内。采用倒“L”形镀锌卡具和化学锚栓固定。宽枕补偿电容安装如图 8—15 所示。

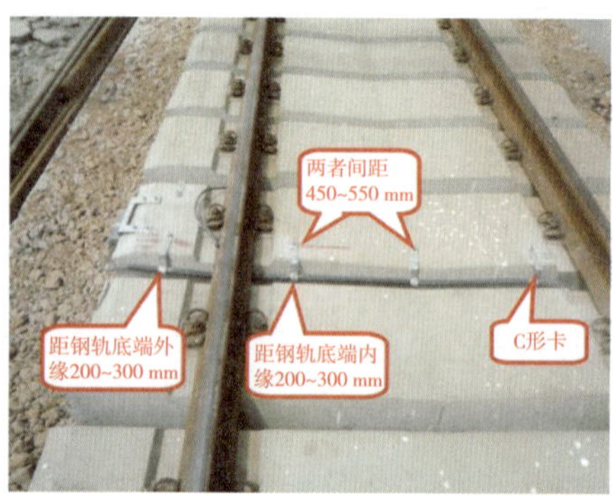

图 8—15　宽枕补偿电容安装示意图

4. 劳动组织

人员配备见表 8—3。

表 8—3　人员配备表

序号	岗位	人数	职责
1	施工负责人	1	负责施工组织
2	技术员	1	现场技术总负责
3	信号工	3	现场具体施工
4	防护人员	4	负责现场安全防护

5. 材料要求

（1）电容及安装支架必须向监理完成进场报验后才能使用。

（2）安装前应检查补偿电容、支架各部安装件及附件的完好和齐全，并和设计图所规定的型号一致。

（3）所需设备的规格、型号、数量应根据工作计划配置。

6. 工机具配置

工机具配置见表 8—4。

表 8—4 工机具配置表

序号	名称	规格型号	单位	数量	备注
1	发电机	6000 W	台	1	
2	电容模具		套	1	
3	电锤钻	GBH2000RE	台	1	
4	钢轨钻孔机	DZG-31	台	1	
5	钢卷尺	5 m	套	1	
6	榔头		把	1	
7	活动扳手	250 mm	套	1	
8	专用倒角工具		把	4	
9	小工具		套	2	

8.2.3 质量控制

(1) 轨道电路补偿电容进场应进行验收，其规格、型号、质量应符合设计图纸的要求。

(2) 补偿电容之间应等间距安装，其安装步长符合设计要求。

(3) 补偿电容两端引接线与钢轨连接牢固，塞钉头露出钢轨 1 ~4 mm。

(4) 补偿电容及其连接线在轨道板上固定必须采用 Ω、M 形卡具和化学锚栓固定。

8.2.4 安全措施

(1) 作业人员进入现场，必须穿安全防护服，并根据相关要求配置其他防护用品。

(2) 应设安全防护员，要求持证上岗，带齐防护用具。

(3) 电气化区段上道施工必须穿绝缘鞋。

(4) 机具、材料不得侵入限界。

(5) 使用发电机时应使用专用插头，电源插座必须有漏电保护器。

(6) 雨雪天气禁止使用发电机和电动工具。

8.2.5 环保措施

作业完毕，应对施工区域环境进行清理，做到工完、料净、场地清。

8.2.6 建设效果及施工图片

建设效果及施工图片如图 8—16 所示。

图 8—16 电容安装示意图

8.3 轨道连接线安装

8.3.1 施工前提条件

1. 内业技术准备

在开工前组织技术人员认真学习实施性施工组织设计，阅读、审核施工图纸，澄清有关技术问题，熟悉规范和技术标准。制定施工安全保证措施，提出应急预案。对施工人员进行技术交底和上岗前安全技术培训。

2. 外业技术准备

1）施工前进行相关工程施工的接口检查和交接。

（1）轨道板已具备钻孔施工条件。

（2）电气绝缘枕已按设备需求更换。

（3）钢轨已锁定。

2）对使用的工具、机具进行检查，确认性能指标合格。

8.3.2 施工方法

1. 施工流程

施工准备→核对位置→钢轨钻孔→连接线安装→连接线固定→清理现场→施工结束。

2. 技术要求

轨道连接线包括钢轨引接线、道岔跳线及并联线（同位置安装采用双线）、钢轨接续线、横向连接线。

轨道连接线的类型和规格应符合下列要求：

1）ZPW-2000 轨道电路调谐单元、匹配变压器、空芯线圈的钢轨引接线应采用双引接线，截面积为 95 mm^2 带有绝缘外护套的单接头钢包铜引接线。钢轨引接线线卡应采用化学锚栓固定在轨道板表面。钢轨引接线长度如下：

（1）路基地段机械绝缘节处的连接线：2 200 mm 和 4 200 mm 各 4 根。

（2）路基地段电气绝缘节处的连接线：2 200 mm 和 4 200 mm 各 10 根。

（3）桥梁地段安装在防护墙外侧机械绝缘节的连接线：2 600 mm 和 4 600 mm 各 4 根。

（4）桥梁地段安装在防护墙外侧电气绝缘节的连接线：2 600 mm 和 4 600 mm 各 10 根。

注：以上连接线长度需根据现场实际情况测量后安装。

2）扼流变压器用于高压脉冲轨道电路时，钢轨引接线应采用双根 42 mm^2 的（$\phi 1.2\times 37$ mm）双根等阻引接线；用于 ZPW-2000 轨道电路时，应采用双根 95 mm^2 的钢包铜线。钢轨引接线塞钉从钢轨外侧打入轨道眼中，塞钉头部应露出钢轨内侧 1～4 mm。钢轨引接线线卡应采用化学锚栓固定在轨道板表面。引接线长度如下：

（1）路基地段处的连接线：2 200 mm 和 4 200 mm。

（2）桥梁地段安装在防护墙外侧的连接线：2 200 mm 和 4 200 mm。

注：以上连接线长度需根据现场实际情况测量后安装。

3）横向连接线应采用截面积不小于 70 mm^2 带绝缘防护外套铜线。

4）塞钉式钢轨接续线的安装应符合下列要求：

（1）钢轨接续线宜采用双导接线，应安装在钢轨外侧，应与鱼尾板上部密贴，塞钉孔距鱼尾板两端应均匀（距离为 100 ± 10 mm，两塞钉孔中心距为 60～80 mm），道岔辙叉跟部可反向安装于钢轨内侧。

（2）接续线与塞钉不得脱焊、锈蚀。

3. 施工方法

轨道连接线应按下列要求布设：

1）钢轨引接线

（1）钢轨引接线应安装在电气绝缘枕内，电气绝缘枕采用侧开口式，钢轨引接线在电气绝缘枕内安装示意如图 8—17 所示。

图 8—17 钢轨引接线在电气绝缘枕内安装示意图

（2）ZPW-2000 轨道电路的钢轨引接线应并拢布设。并拢布设时，应采用绝缘卡具固定。采用金属卡具固定时应在金属卡具上增加绝缘套管。

（3）双钢轨引接线应分别连接机械绝缘节空芯线圈和调谐匹配单元。

2）ZPW-2000 一体化轨道电路道岔跳线及并联线（塞钉孔径为 ϕ13. 5 mm）

（1）道岔区段道岔多分支轨道电路区段采用“分支并联的一送一受轨道电路”结构。

（2）道岔并联线从道岔弯股末端（道岔弯股的轨道绝缘节）起，向岔心方向（道岔绝缘节）依次间隔设置，间隔不应大于 20 m、岔心间隔不应大于 30 m，两端部必须设置道岔分支并联线，如图 8—18 所示。

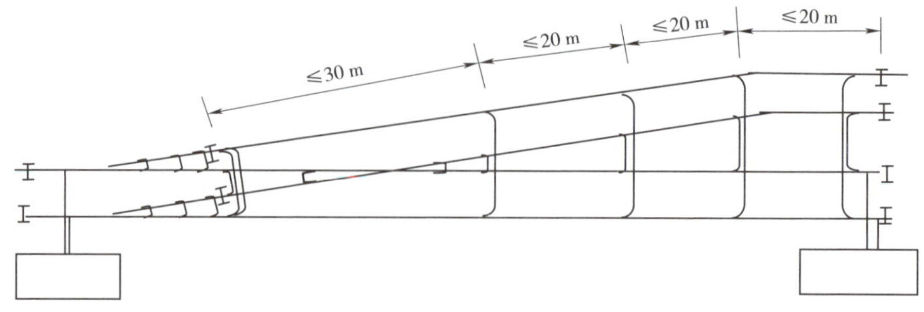

图 8—18 道岔跳线及分支并联线布置图

（3）车站渡线两相邻区段均为 ZPW-2000 轨道电路时，绝缘节处的跳线及并联线，如图 8—19 所示。当两区段分别为 ZPW-2000 和 25 Hz 相敏轨道电路时，渡线、道岔跳线及并连线如图 8—20 所示。

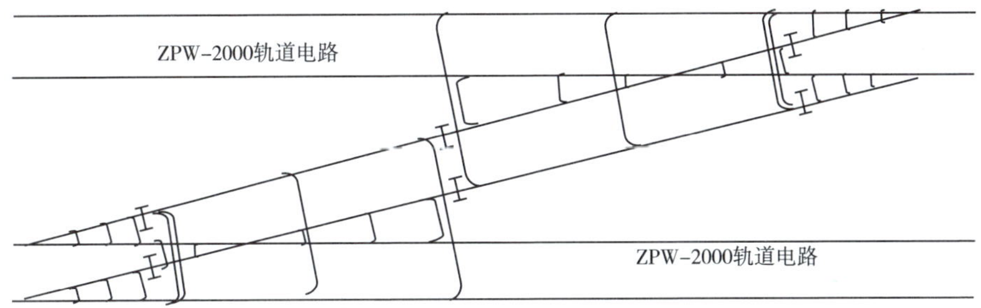

图 8—19　站内一体化轨道电路渡线绝缘节处的跳线及并联线布置图

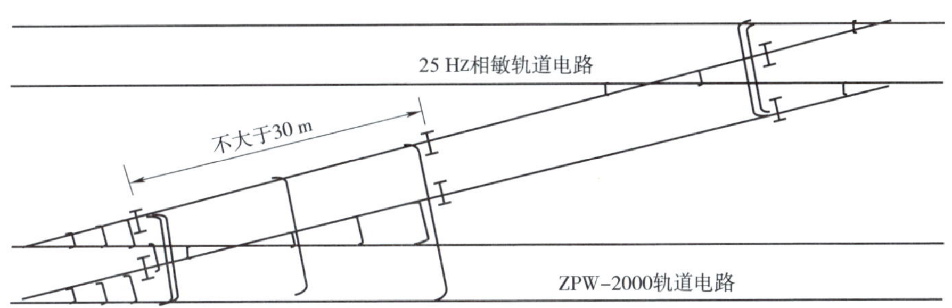

图 8—20　相邻区段为一体化和 25 Hz 轨道电路时道岔跳线及并联线布置示意图

3）横向连接线

（1）横向连接线的安装地点、连接方式应符合设计要求。

（2）横向连接线长度按实际测量数据为准，最长不得大于 105 m。

4）轨道连接线应按下列要求进行安装：

（1）道岔内钢轨钻孔应在道岔生产厂内进行，孔径、孔间距及位置应符合设计和相关标准要求。

（2）钢轨钻孔时，应根据塞钉大小选用匹配钻具。电钻角度应与钢轨钻孔面垂直，并稳固，确保孔眼不偏大。

（3）钢轨引接线塞钉孔中心距钢轨绝缘夹板（鱼尾板）端部为 100 mm ± 10 mm，两相邻塞钉孔间距为 60 ~ 80 mm。

（4）引接线与塞钉连接时，应使引接线向远离钢轨绝缘夹板方向倾斜，引接线与钢轨底部夹角为30°～60°。

（5）塞钉打入深度为露出钢轨1～4 mm；安装完成后，应立即在塞钉头与钢轨的接缝处涂漆封闭，塞钉安装及固定方式如图8—21所示。塞钉端部为螺栓连接时，应采用防松螺母固定。

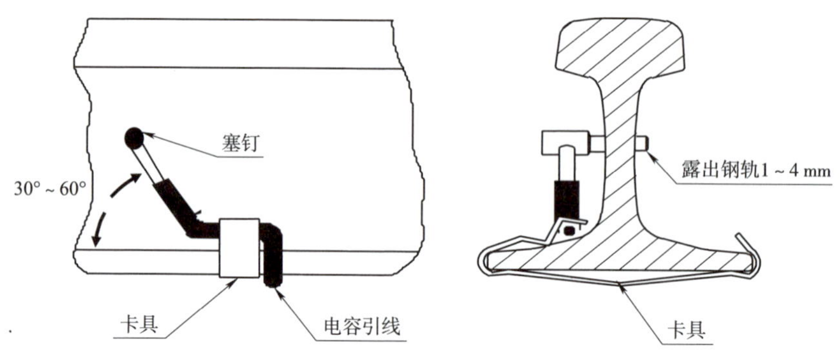

图8—21 电容塞钉安装及固定方式示意图

（6）在轨道板或道床板的轨道连接线均应采用M8化学锚栓和Ω形镀锌卡具进行固定。有砟地段普通轨枕的轨道连接线穿越钢轨时，应采用绝缘卡具固定，距轨底不得小于30 mm。

（7）沿轨枕敷设轨道连接线，应平直固定良好。

（8）钢轨引接线与变压器箱、电缆盒连接时，应将螺母拧紧，不得有松动现象。绝缘片、绝缘管完整无破损现象，保证绝缘良好。

（9）采用冷挤压胀钉安装时，根据轨道连接线的规格选用相应的压接端子，使用与压接端子配套的压接钳进行压接。冷挤压胀钉安装的操作规程应符合产品安装手册的要求。

（10）区间轨道电路防护盒长线安装在火车正向运行先到的位置，方向盒安装在火车正向运行轨道电路防护盒后面，站轨道电路防护盒长线及扼流长线安装在绝缘外侧。

（11）轨道箱、扼流变引接线均采用ϕ13.5 mm防腐线，（轨道引接线采用分体式，扼流引接线、道岔跳线采用一体式）打入钢轨后使用防松螺栓紧固。

(12) 所有引接线、连接线、接续线、跳线等各类安装钻孔，必须使用倒角钻头两侧倒角。

(13) 并联分支线一律采用定制长线。

5) 轨道连接线应按下列方式固定和防护：

(1) 路基地段设备至轨道板或道床板及支承层间钢轨引接线，应固定在混凝土斜面上。混凝土斜面与支承层、路基面间应植入连接钢筋，以保证台阶与混凝土斜坡连接牢固。路基地段轨道连接线固定和防护如图 8—22 所示。

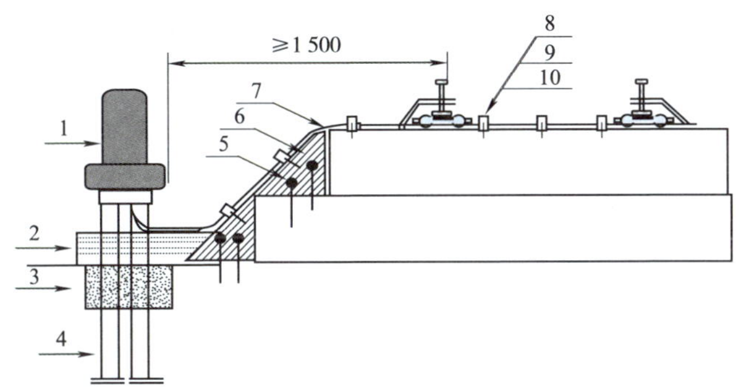

图 8—22　路基地段轨道连接线固定和防护示意图（单位：mm）

注：1—设备防护罩；2—防护围台；3—混凝土灌注层；4—角钢基础；5—钢筋；6—混凝土斜坡；7—钢轨引接线；8—Ω 形电缆卡具；9—防松螺母；10—化学锚栓

(2) 桥梁踏步至轨道板间超过 200 mm 的悬空部分的钢轨引接线应采用热浸塑钢管防护。桥梁地段轨道连接线固定和防护如图 8—23 所示。

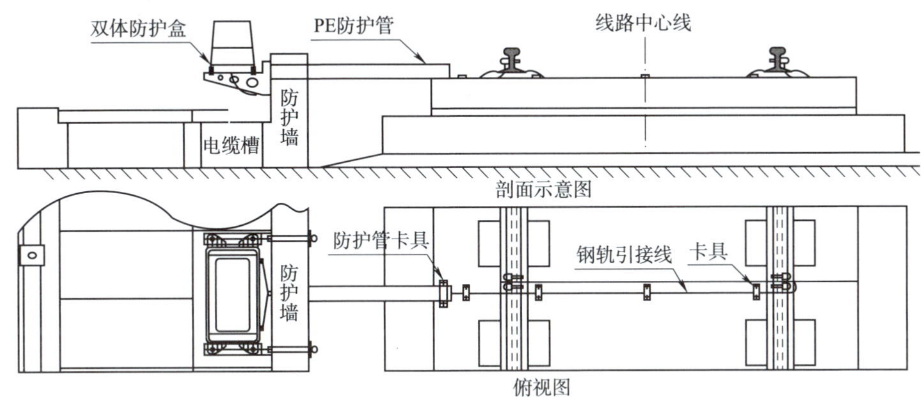

图　8—23

图 8—23　桥梁地段轨道连接线固定和防护示意图

（3）线路间为混凝土、沥青路面时，轨道连接线应采用化学锚栓和卡具固定。线路间为石砟时，应采用电缆槽防护。

（4）取消引接线轨底卡（有砟地段除外），在长线出线位置增加 Ω 形卡，保证引接线不与钢轨接触。

（5）引接线固定卡应均匀布设，固定卡螺杆植入轨道板深度一致，固定卡平垫、弹簧垫、螺帽，防松螺母齐全。上齐螺帽后，螺丝均露出 2 ~ 3 mm。

（6）固定引接线的卡钉、卡具不得与钢轨铁垫板接触。

4. 劳动组织

人员配备见表 8—5。

表 8—5　人员配备表

序号	岗位	人数	职责
1	施工负责人	1	负责施工组织
2	技术员	1	现场技术总负责
3	信号工	4	现场具体施工
4	防护人员	4	负责现场安全防护

5. 材料要求

（1）各种轨道连接线必须向监理完成进场报验后才能使用。

（2）所需连接线的规格、型号、数量应根据现场具体情况配置。

6. 工机具配置

工机具配置见表 8—6。

表 8—6　工机具配置表

序号	名称	规格型号	单位	数量	备注
1	发电机	6 000 W	台	1	
2	电锤钻	GBH2000RE	台	1	
3	钢轨钻孔机	DZG-31	台	1	
4	钢卷尺	5 m	套	1	
5	冲子		把	2	
6	榔头		把	1	
7	活动扳手	250 mm	套	1	
8	专用倒角工具		把	4	
9	小工具		套	2	

8.3.3　质量控制

（1）轨道连接线应进行进场前验收，其规格、型号、质量应符合设计图纸的要求。

（2）轨道连接线与钢轨连接牢固，塞钉头露出钢轨 1～4 mm。

（3）轨道连接线在轨道板上固定必须采用 Ω、M 形卡具和化学锚栓固定。

8.3.4　安全措施

（1）作业人员进入现场，必须穿安全防护服，并根据相关要求配置其他防护用品。

（2）应设安全防护员，要求持证上岗，带齐防护用具。

（3）电气化区段上道施工必须穿绝缘鞋。

（4）机具、材料不得侵入限界。

（5）使用发电机时应采用专用插头，电源插座必须有漏电保护器。

（6）室外雨雪天气禁止使用发电机和电动工具。

8.3.5　环保措施

作业完毕，应对施工区域环境进行清理，做到工完、料净、场地清。

8.3.6 建设效果及施工图片

建设效果及施工图片如图 8—24 所示。

图 8—24 轨道连接线安装示意图

8.4 扼流变压器安装

8.4.1 施工前提条件

1. 内业技术准备

在开工前组织技术人员认真学习实施性施工组织设计，阅读、审核施工图纸，澄清有关技术问题，熟悉规范和技术标准。制定施工安全保证措施，提出应急预案。对施工人员进行技术交底和上岗前安全技术培训。

2. 外业技术准备

（1）扼流变压器经电务段检测合格后方可上道使用。

（2）对使用的工具、机具进行检查，确认性能指标合格。

8.4.2 施工方法

1. 施工流程

施工准备→核对位置→钢轨钻孔→连接线安装→连接线固定→清理现场→施工结束。

2. 技术要求

1）扼流变压器的配置应符合下列要求：

（1）扼流变压器的规格型号应符合设计要求。

（2）扼流变压器采用热镀锌金属支架基础。

（3）机械绝缘节处两扼流变压器间采用一体化连接板，连接板中心距离为 1 100 mm。

（4）扼流变压器引出端子内、外根部加弹簧垫圈。

2）扼流变压器安装位置应符合设计要求。完全横向连接空扼流设置位置应安装在接地端子附近。

3. 施工方法

1）路基（非级配碎石）地段扼流变压器应按下列要求进行安装：

（1）基础埋深不应少于 500 mm，基础顶面应高于地面 300 mm。

（2）扼流变压器最突出边缘距钢轨内缘不应小于 1 500 mm。

（3）当与轨道电路设备安装在一起时，可降低扼流变压器安装高度，保持和其他设备高度一致，路基地段扼流变压器安装如图 8—25 和图 8—26 所示。

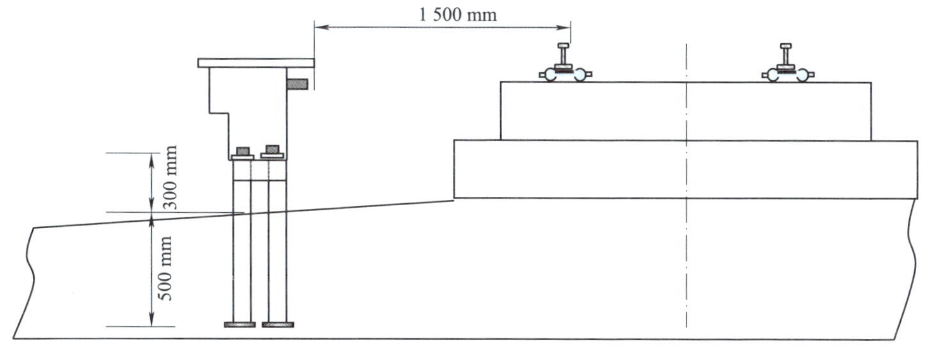

图 8—25 扼流变压器安装示意图

2）路基（级配碎石）地段，扼流变压器支架用膨胀螺栓固定在级配碎石路基面上，施工完成后，进行硬面化处理，如图 8—27 所示。

3）桥上扼流变压器应按下列要求进行安装：

（1）扼流变压器安装在防护墙外侧，扼流变压器钢轨引接线端子朝向线路侧。

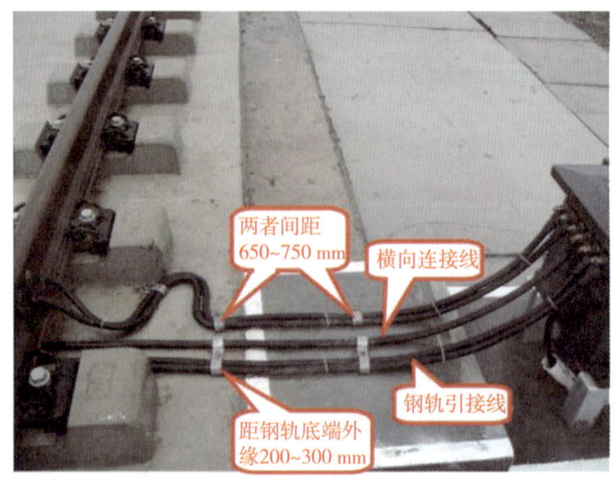

图 8—26　无砟地段扼流变压器安装效果图

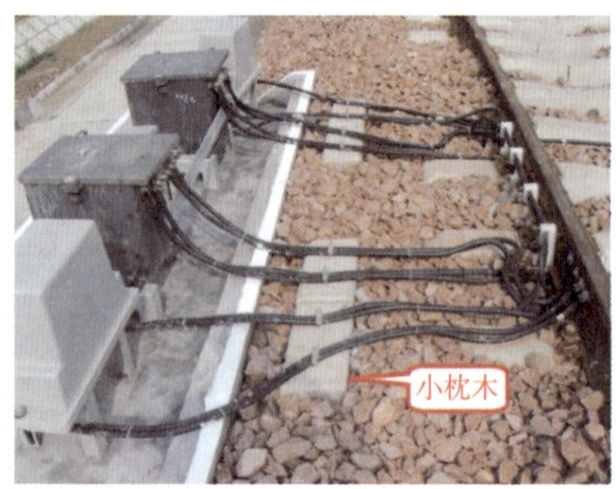

图 8—27　有砟扼流变压器安装效果图

（2）金属基础采用 M20 通透式防松螺栓和补强板，固定在防护墙上。金属基础严禁跨建筑物伸缩缝。

（3）扼流变压器安装高度为扼流变箱盖顶面距离防撞墙顶面 150 mm。

（4）钢轨引接线应在防护墙上钻孔后穿出，防护墙穿线孔内的引接线应加防护。扼流变压器安装如图 8—28 和图 8—29 所示。

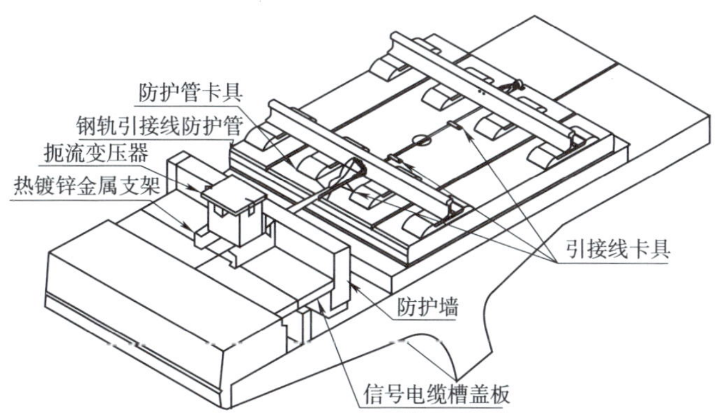

图 8—28　桥梁段扼流变压器安装示意图

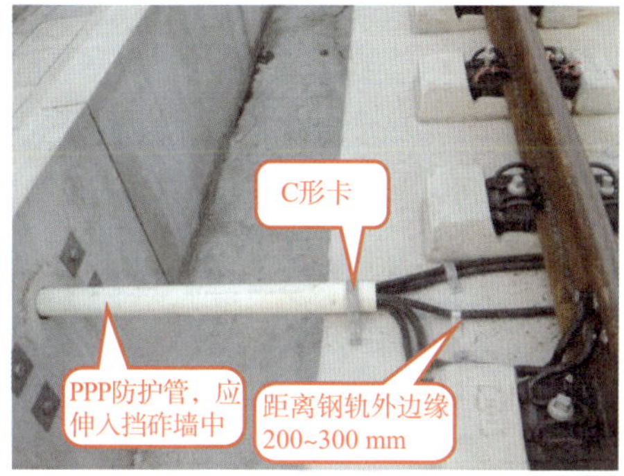

图 8—29　桥上扼流变压器安装效果图

4）横向连接线与扼流变压器中点连接板连接时，螺母应紧固，不得有松动现象。

5）扼流变压器中心连接板与钢轨引接线接触处应增加绝缘进行防护。

6）扼流变压器引出的钢包铜引接线，靠近中性连接板处的引接线须套管防护，避免钢包铜引接线磨卡中性连接板。

4. 劳动组织

人员配备见表 8—7。

表 8—7　人员配备表

序号	岗位	人数	职责
1	施工负责人	1	负责施工组织
2	技术员	1	现场技术总负责

续上表

序号	岗位	人数	职责
3	信号工	2	现场具体施工
4	防护人员	4	负责现场安全防护
5	普工	4	负责材料搬运

5. 材料要求

(1) 各种轨道连接线必须向监理完成进场报验后才能使用。

(2) 所需连接线的规格、型号、数量应根据现场具体情况配置。

6. 工机具配置

工机具配置见表8—8。

表8—8 工机具配置表

序号	名称	规格型号	单位	数量	备注
1	发电机	6 000 W	台	1	
2	电锤钻	GBH2000RE	台	1	
3	钢轨钻孔机	DZG-31	台	1	
4	钢卷尺	5 m	套	1	
5	冲子		把	2	
6	榔头		把	1	
7	活动扳手	250 mm	套	1	
8	专用倒角工具		把	4	
9	小工具		套	2	

8.4.3 质量控制

(1) 扼流变压器进场应进行验收，其规格、型号、质量应符合设计图纸的要求。

(2) 扼流变压器基础采用热镀锌处理，安装可靠、牢固。

8.4.4 安全措施

(1) 作业人员进入现场，必须穿安全防护服，并根据相关要求配置其他防护用品。

（2）应设安全防护员，要求持证上岗，带齐防护用具。

（3）电气化区段上道施工必须穿绝缘鞋。

（4）机具、材料不得侵入铁限界。

（5）使用发电机时应采用专用插头，电源插座必须有漏电保护器。

（6）室外雨雪天气禁止使用发电机和电动工具。

8.4.5　环保措施

作业完毕，应对施工区域环境进行清理，做到工完、料净、场地清。

8.4.6　建设效果及施工图片

建设效果及施工图片如图8—30所示。

图8—30　扼流变压器

第 9 章　应答器安装

9.1　施工前提条件

1. 内业技术准备

在开工前组织技术人员认真学习实施性施工组织设计，阅读、审核施工图纸，澄清有关技术问题，熟悉规范和技术标准。制定施工安全保证措施，提出应急预案。对施工人员进行技术交底和上岗前安全技术培训。

2. 外业技术准备

（1）根据图纸提供的应答器安装位置进行现场定测，确定现场的实际安装位置，做好现场调查记录并在安装位置进行标记。

（2）施工所需的工机具已准备齐全，且性能良好。

（3）对于个别特殊地段不具备安装条件的，应及时与设计取得联系，确定解决方案。

9.2　施工方法

1. 施工流程

施工准备→安装位置确认→植栓或支架安装→应答器安装→安装校核、调整→清理现场→工序结束。

2. 施工要求

（1）应答器安装前应按照设计图纸进行现场定测，确定具体安装位置和安装方式。应答器安装位置与实际里程的误差为 ±500 mm。

（2）应答器安装支架必须具备抵抗轨道机械振动的能力，应答器安装支架结构应符合有关应答器技术条件的要求。

（3）应答器设置位置应符合设计要求，应答器应按编号安装在指定位置。

3. 施工方法

1）应答器安装前应按照设计要求进行现场定测，确定具体安装位置和安装方式。

2）应答器应迎列车运行方向配套安装防击打装置（有砟、无砟地段均需安装应答器防击打装置），如图 9—1 所示。

图 9—1　应答器防打击装置示意图

3）应答器安装位置应符合设计要求，位置应与编号相符。当实际位置与设计位置允许偏差超过 ±0.5 m、应答器组内相邻应答器间的距离超过 5 m +0.5 m 时，应及时与设计单位沟通解决，另需满足应答器距离补偿电容枕不少于 1 m 的要求。

4）应答器在不同的道床条件下，应采用下列相应的安装装置：

（1）应答器在普通窄型混凝土枕上安装时，采用不锈钢或热镀锌安装装置。

（2）应答器在宽型混凝土枕、轨道板、道床板安装时，采用化学锚栓安装装置。

（3）应答器在框架式轨道板的中空地段安装时，下部增加连接支架安装装置。

（4）应答器安装支架应具备抗振动能力。

应答器在不同类型枕木/道床上安装如图 9—2 ~ 图 9—5 所示。

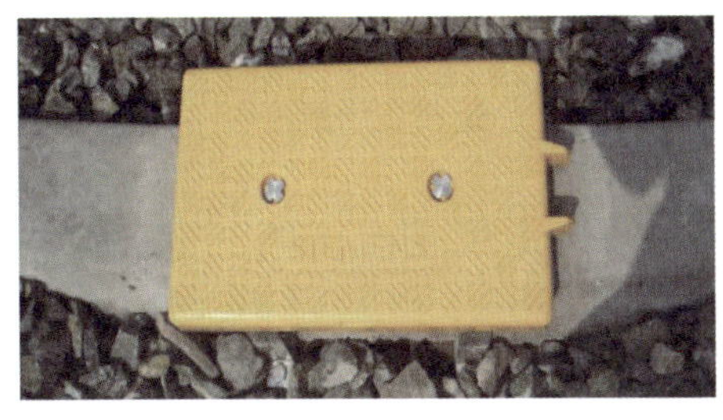

图 9—2　普通枕木上应答器安装

图 9—3　宽枕上应答器安装

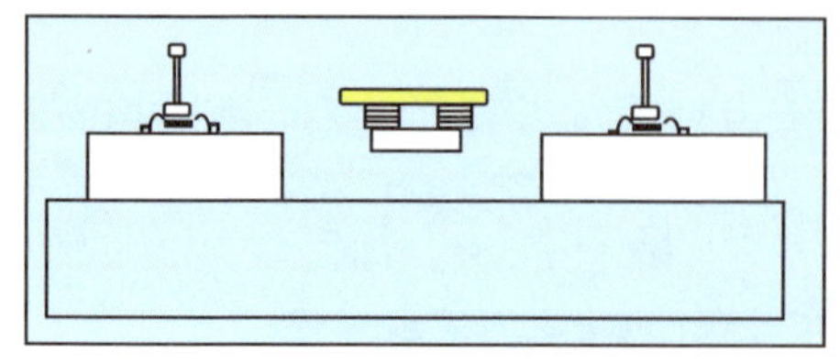

图 9—4　纵连板应答器安装

图 9—5　框式板应答器安装

5）应答器应安装在轨道中间，其周围无金属空间，位置应符合下列要求：

（1）应答器平行于长边的中心线两侧无金属距离不应小于 315 mm。

（2）应答器平行于短边中心线两侧无金属距离不应小于 410 mm。

（3）应答器 X 轴基准标记点至下部无金属距离正常情况下不应小于 210 mm，特殊情况下不小于 140 mm。应答器安装无金属区如图 9—6 所示。

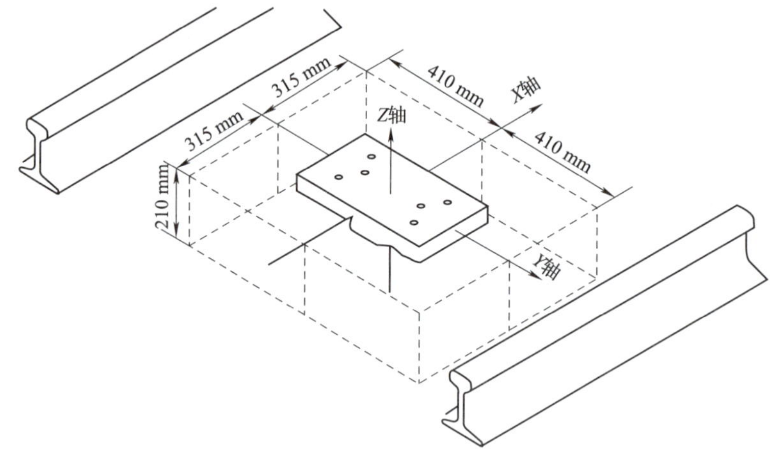

图 9—6　应答器安装无金属区

6）在符合应答器无金属空间要求的情况下，应答器安装高度、横向偏移和角度在轨道中间的位置允许范围应符合下列要求：

（1）应答器安装高度可通过调节底部衬垫数量，使其 X 基准标记至钢轨顶面的距离符合相关产品的技术要求。

（2）应答器 X 轴基准标记应设于两钢轨中间 $S/2$ 处，X 轴基准标记沿 Y 轴方向允许横向偏移为 $\frac{S}{2}\pm 15$ mm。

（3）正常情况下，应答器上平面应与两钢轨面平行。前后面应与钢轨面垂直，左右面应与钢轨平行。

应答器安装高度如图 9—7 所示。安装角度允许误差及范围应符合表 9—1 的要求。

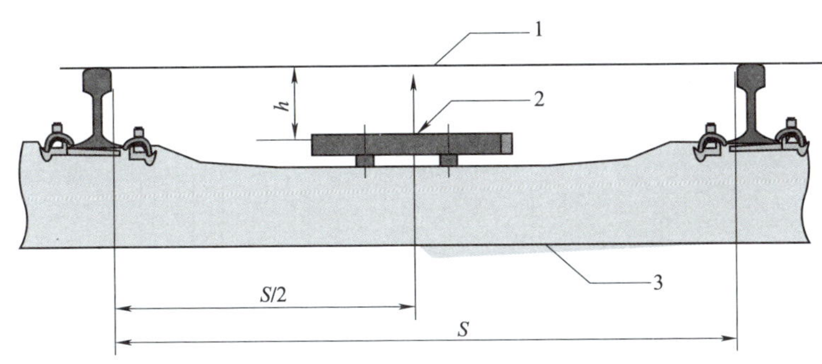

图 9—7 应答器安装高度示意图

注：1—钢轨顶面；2—X 轴基准标记点；3—应答器垫板

表 9—1 应答器安装角度允许误差范围

序号	旋转方向	允许误差范围
1	以 X 轴旋转（倾斜）	±2°
2	以 Y 轴旋转（俯仰）	±5°
3	以 Z 轴旋转（偏转）	±10°

7）在普通轨枕上应答器应按下列要求安装：

（1）按安装说明书的步骤将应答器安装装置固定在轨枕上，紧固轨枕安装装置前，应确认安装装置在轨枕中心位置。

（2）应答器平放在安装装置上，应用扭矩扳手按说明书要求紧固螺栓。

8）在宽枕、轨道板、道床板上应答器应按下列要求安装：

（1）钻孔前应使用钢筋探测仪，探测钻孔位置以避开内部钢筋。

（2）使用专用钻孔模板确定钻孔位置，并保证钻孔位置精度。

（3）使用带有深度标尺的冲击电锤钻孔，深度为 90 mm ± 5 mm、直径为 18 mm。

（4）使用专用清孔工具将钻孔内的碎渣清除干净。

（5）安装孔中填入配套化学胶。

（6）用专用工具将 M10 × 90 内螺纹套管安装入孔中。

（7）化学胶完全固化后，方可安装应答器。

9）应答器固定螺栓应安装齐全（4 颗）。

10）当应答器安装在护轮轨处时，应答器中心至护轮轨轨基之间的横向无金属距离可缩小为320 mm，沿线路方向在基准点 ± 300 mm 的范围内的每根护轮轨断开至少20 mm 的间距，并安装绝缘节，以减少护轮轨对应答器传输的影响，如图9—8所示。

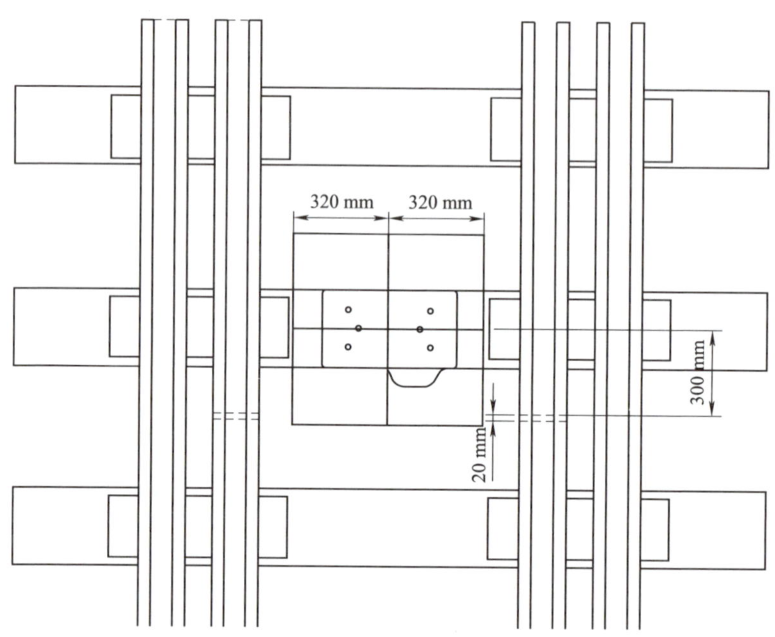

图9—8 应答器安装在护轨处断护轨示意图

11）应答器尾缆应按下列要求施工，如图9—9所示。

图9—9 应答器尾缆施工示意图

（1）应答器尾缆终端盒均采用HZ-6电缆盒。

（2）应答器尾缆长度应符合现场实际需要（应答器尾缆长度一般有6 m、9 m、15 m等，现场使用时，需根据实际进行选择）。

（3）桥梁地段应答器尾缆应套防护管防护。

（4）尾缆在轨道板、道床板、轨枕应固定。

（5）应答器用终端盒顶面应低于钢轨面，基础顶面距地面 300 mm ± 50 mm。

（6）有源应答器采用梯形底板，整体道床处安装冰雪击打防护装置。

12）应答器喷号标准，每个应答器应在迎列车运行方向第一块轨枕板或轨枕处喷号，喷号采用蓝底白字。

13）应答器喷涂底色模板：

（1）蓝底外尺寸 240 mm × 80 mm。

（2）字母大小举例：如图中大写“Z”，高 51 mm，宽 22 mm。文字内容举例：BS-1、B7080-3，如图 9—10 所示。

图 9—10　应答器标识牌示意图

14）应答器尾缆的屏蔽层与应答器电缆的排流线或金属防护层上在同一端子上。

4. 劳动组织

人员配置见表 9—2。

表 9—2　人员配备表

序号	岗位	人数	职责
1	施工负责人	1	负责施工组织
2	技术员	1	现场技术总负责
3	信号工	5	现场具体施工
4	防护人员	4	负责现场安全防护

5. 材料要求

（1）安装前应检查应答器、支架各部安装件及附件的完好和齐全，并和设计图所规定的型号一致。

（2）确认应答器定位编号与图纸相符。

（3）确认螺栓固化用胶在有效期内。

6. 工机具配置

工机具配置见表9—3。

表9—3　工机具配置表

序号	名称	规格型号	单位	数量	备注
1	发电机	6 000 W	台	1	
2	电锤钻	GBH2000RE	台	1	
3	钢轨钻孔机	DZG-31	台	1	
4	安装专用工具	5 m	套	1	
5	水平尺		把	2	
6	钢尺	5 m	把	1	
7	榔头		把	1	
8	尾缆钥匙		把	4	
9	扭矩扳手		把	2	
10	小工具		套	1	
11	对讲机	Motorolaa8i	台	2	

9.3 质量控制

（1）按照设计文件确定应答器安装位置和安装方式；

（2）化学锚栓安装孔保证干燥、清洁；

（3）在化学药剂固化时间内不得对锚栓施加外力；

（4）应答器安装符合规定尺寸；

（5）应答器编号正确。

9.4 安全措施

（1）作业人员进入现场，必须穿安全防护服，并根据相关要求配置其他防护用品。

（2）应设安全防护员，要求持证上岗，带齐防护用具。

（3）电气化区段上道施工必须穿绝缘鞋。

（4）机具、材料不得侵入限界。

（5）使用发电机时应使用专用插头，电源插座必须有漏电保护器。

（6）室外雨雪天气禁止使用发电机和电动工具。

9.5　环保措施

作业完毕，应对施工区域环境进行清理，做到工完、料净、场地清。

9.6　建设效果及施工图片

建设效果及施工图片如图9—11和图9—12所示。

图9—11　应答器安装

图9—12　应答器及防击打装置

第 10 章　室外信号设备硬面化施工

10.1　施工前提条件

1. 内业技术准备

在开工前组织技术人员认真学习实施性施工组织设计，阅读、审核施工图纸，澄清有关技术问题，熟悉规范和技术标准。制定施工安全保证措施，提出应急预案。对施工人员进行技术交底和上岗前安全技术培训。

2. 外业技术准备

硬面化施工前必须保证设备埋设稳固，无限界超标，无倾斜超标，无电缆外漏，各种设备（含道口信号）硬面化必须按标准尺寸图制作。

10.2　施工方法及工艺标准

1. 施工工序

施工准备→制作硬面化示意图及模具制作→硬面化施工→清理现场。

2. 施工工艺

各种设备硬面化几何外形为正方形或长方形并与线路平行。基础硬面化工作面应平整四方，棱角分明，结实没有裂纹，基础水泥面成形后在平面顶部四周涂刷公路白漆，白边宽度 60 mm。

3. 施工要求

（1）设备基础硬面化周围砌砖应不少于三层，水泥砌 24 cm 砖墙应平整。砖墙外用水泥砂浆抹平，厚度不小于 10 mm。

（2）设备基础硬面化中间应填砂（或软土）夯实，顶面铺 C20 混凝土硬面，厚度不少于 30 mm。

（3）设备基础边沿距硬面化边沿一般应为 300 mm。设备硬面化面距设备基础顶面为 150 ~ 200 mm。有参考平面时，设备硬面化平面应与参考平面平齐。

（4）两个设备硬化面间隔小于 400 mm 时，要集中硬化。两个设备硬化面间隔小于 1 500 mm 时，两个硬化面应在同一水平面上。

4. 技术要点

基础硬面化前必须将设备基础扶正、平直，设备安装高度、限界等必须符合相关标准（站内设备上平面距轨面 200 ~ 300 mm。区间无砟地段设备上平面与轨面平，区间有砟地段设备上平面距轨面 200 ~ 300 mm。同一处设备上平面高度一致）。

5. 劳动组织

作业人员配备齐全，具体人员配置情况见表 10—1。

表 10—1　作业人员配备表

序号	岗位	人数	职责
1	施工负责人	1	负责施工组织
2	技术员	1	现场技术总负责
3	信号工	2	现场具体施工
4	防护人员	4	负责现场安全防护
5	普工	8	负责现场材料搬运

6. 材料要求

（1）所用材料的产品合格证、出厂检验报告等齐全。

（2）所用材料经过相关单位检测合格后方能上道安装。

7. 设备机具配置

设备机具配置见表 10—2。

表 10—2　设备机具配置表

序号	名称	规格型号	单位	数量	备注
1	平板车		辆	2	
2	活口扳手	250 mm	把	3	
3	铁锹		把	4	
4	卷尺	5 m	把	2	
5	小工具		套	2	
6	水平尺		把	1	

10.3　质量控制

1. 容易出现的质量问题

（1）硬化面成形后可能出现裂纹、不平整。

（2）硬化面成形后相邻设备可能不在同一平面。

2. 保证措施

（1）基础硬面化中间应填砂（或软土）夯实后，再进行水泥封面施工。

（2）两个设备硬化面间隔小于 400 mm 时，采取集中硬化，硬化前夯实基础底面，利用水平尺保证相邻设备在同一平面后，再进行集中硬化。

10.4 安全措施

（1）作业人员进入现场，必须穿着安全防护服，并根据相关要求配置其他防护用品（安全帽、防护灯、通信工具等）。

（2）在有车辆行驶的地段施工时应设安全防护员并带齐防护用具。

（3）机具、材料不得侵入限界。

10.5 环保措施

（1）施工中，采取编织布等防护措施对道床进行防护。

（2）将施工过程中产生的废弃物及时回收，统一处理，做到工完、料净、场地清。

10.6 建设效果及施工图片

建设效果及施工图片如图 10—1 ~ 图 10—11 所示。

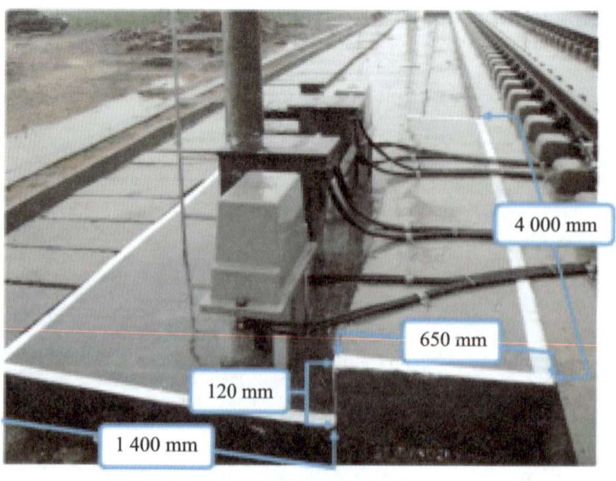

图 10—1 进站口处设备硬面化

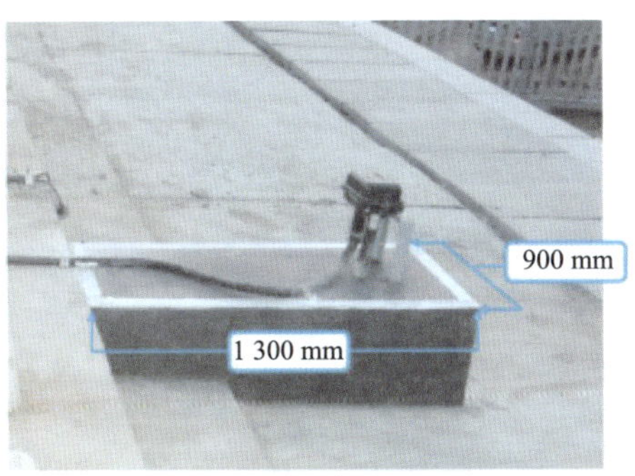

图 10—2　无砟地段有源应答器终端盒硬面化

图 10—3　有砟地段有源应答器终端盒硬面化

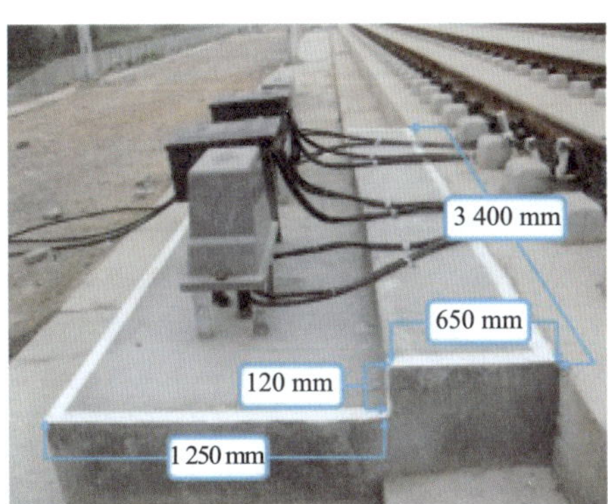

图 10—4　无方向盒硬化面

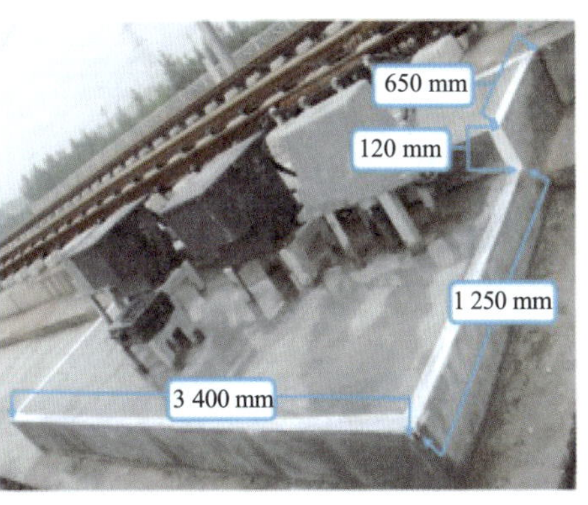

图 10—5　站内硬化面施工图

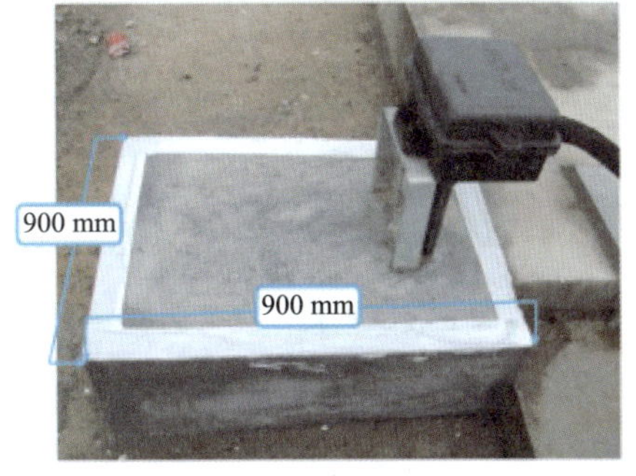

图 10—6　道岔终端盒硬化面

图 10—7　方向盒硬化面

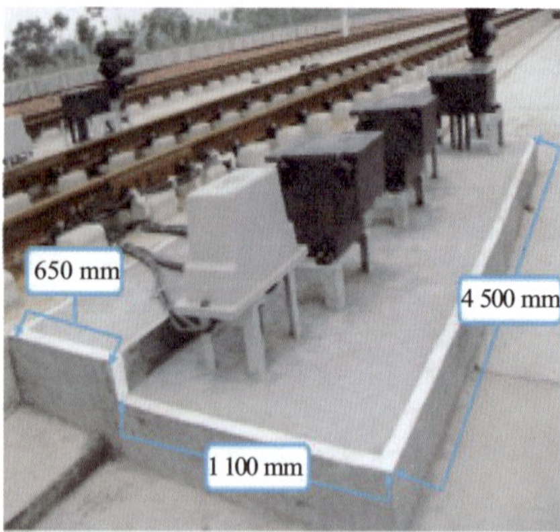

图 10—8　无砟地段出发信号机设备硬面化

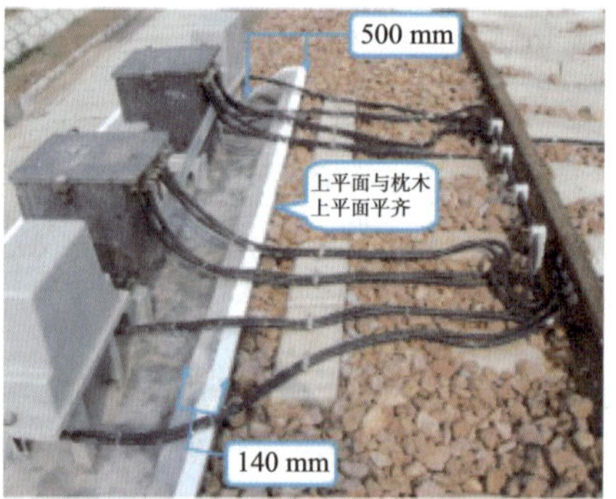

图 10—9　有砟地段出发信号机设备硬面化

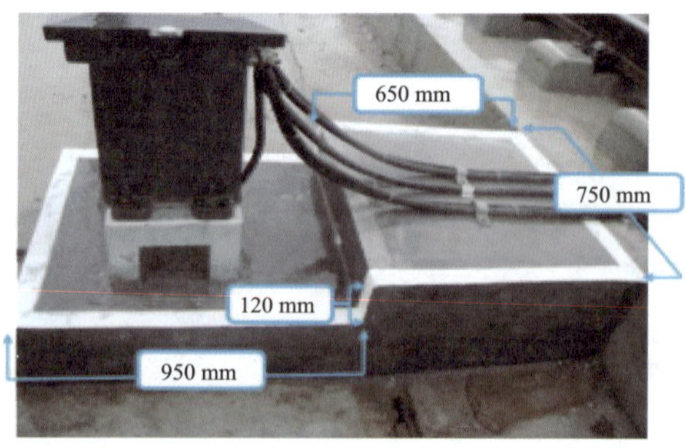

图 10—10　空扼流变压器硬面化

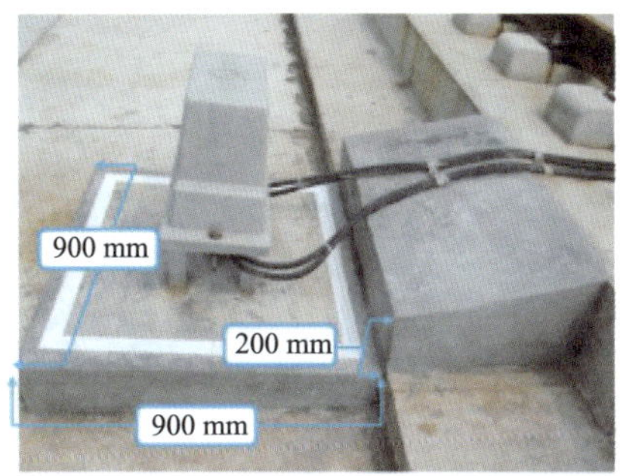

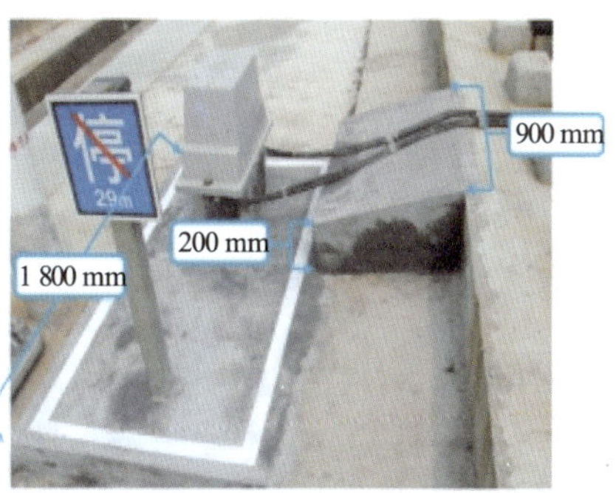

图 10—11　区间调谐区设备硬面化

第 11 章　室内设备安装

11.1　机柜安装

11.1.1　施工前提条件

1. 内业技术准备

在开工前组织技术人员认真学习实施性施工组织设计，阅读、审核施工图纸，澄清有关技术问题，熟悉规范和技术标准。制定施工安全保证措施，提出应急预案。对施工人员进行技术交底和上岗前安全技术培训。

2. 外业技术准备

（1）室内设备安装前，对室内接口（工作环境、防静电地板、集中接地端子排、设备安装位置、接地电阻、电缆引入口、电缆井、室内管沟槽道等）进行检查，确认符合设计要求。

（2）设备、机柜安装前，监理单位、施工单位、各供应厂家进行开箱检验，根据厂家供货清单对设备数量清点和外观检查，相关文件（合格证、检验报告、说明书等）齐全。

（3）根据室内机柜尺寸、位置，绘制走线槽布置图。

11.1.2　施工方法及工艺标准

1. 施工程序

施工程序为：施工准备→机柜底座安装→机柜安装→走线槽（架）安装→接地线连接→清理现场→施工结束。

2. 施工工艺

（1）底座采用膨胀螺栓安装在瓷砖地面上，排列整齐，底座顶面加环氧树脂板后与防静电地板标高平齐。

（2）采用高强尼龙螺栓固定在底座上，连接牢固。

（3）机柜（架）间加装 1 mm 厚环氧树脂板，并用连接板连接紧密。机柜与底座以及相邻机柜间采用高强尼龙螺栓连接。

（4）机柜、层、位及设备应设置完整清晰的标识。

（5）走线槽安装应横平竖直，不应形成闭环，槽内铺绝缘阻燃垫。

（6）槽与槽、槽与盖、盖与盖之间应连接严密，槽与机柜应连接牢固。

3. 施工要求

1）施工准备

（1）进场前应先将室内清扫干净，搬运物件不要刮蹭地板及墙壁。

（2）应首先根据设计图纸确认机柜数量、规格、安装位置、排列顺序。

（3）临时用电使用专用配电箱（中继站 20A、车站 63A），配电箱接地使用不小于 10 mm^2 黄绿地线并引至汇流排。引入电源线使用 2×6 mm^2 带护套电源线，引出线使用不小于 2.5 mm^2 护套线，穿 PVC 管防护，使用白色扎带固定在吊顶龙骨上，布线美观。配电箱内部构造如图 11—1 所示。

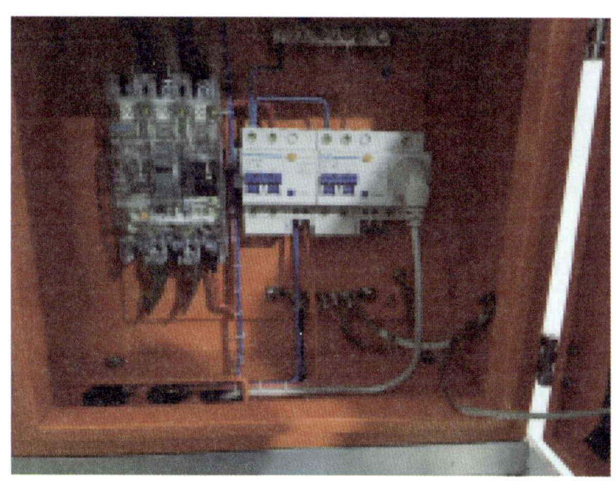

图 11—1　配电箱内部构造图

（4）机械室应按功能区域划分配备灭火器（按房间面积合理配置）、工具架、办公桌、废物回收桶（可回收与不可回收垃圾分设）、鞋套、登记簿、宣传标牌一套。材料、工具放置图如图 11—2 和图 11—3 所示。

（5）机柜、底座及槽道规格、型号、颜色符合安装要求。

（6）机柜、底座及槽道表面无变形、无损伤，镀层、漆饰完整无脱落。

（7）机柜内部件完好、连接无松动；无受潮发霉、锈蚀现象。

图 11—2　材料放置图

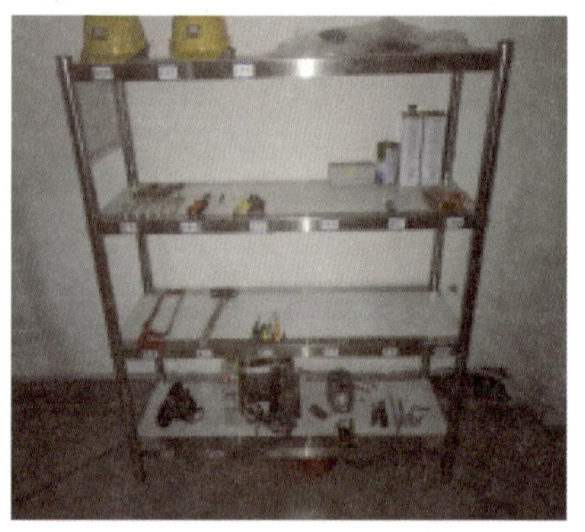

图 11—3　工具放置图

2）机柜底座安装

（1）机柜排布应考虑防静电地板完整度，提前规划，做出布置图。同排底座应使所固定机柜的正立面在同一直线上，主通道侧的纵向侧面应在同一平面上。

（2）机柜底座采用 50 mm × 50 mm 镀锌角钢加工，允许的情况下，每一排机柜加工一个整体底座，每两个机柜连接处设置一对角钢支撑，机柜底座与柜体尺寸匹配，机柜底座高度 295 mm。机柜底座示意如图 11—4 所示。

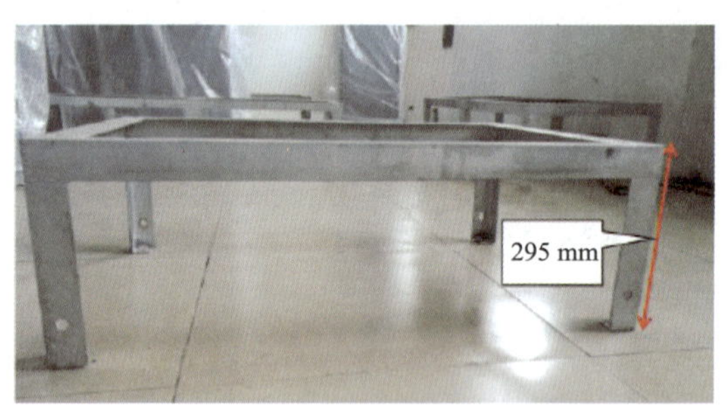

图 11—4　机柜底座示意图

（3）室内机柜位置调整完成后，使用“L”形角钢将底座与地面连接，用 $\phi12 \times 100$ mm 膨胀螺栓固定在地面上。

3）机柜安装

（1）机柜底座与机柜之间加 2 × 40 mm 绝缘树脂板条隔开，树脂板条边缘小于底座外边缘 5 mm，并用 $\phi12 \times 50$ mm 高强尼龙螺栓将机柜与底座连接牢固。

（2）机柜应垂直于地面安装，相邻机柜之间加装 1 mm × 50 mm 绝缘树脂板条隔开，用 ϕ12 × 25 mm 高强尼龙螺栓连接，树脂板条边缘小于机柜外边缘 5 mm。机柜内的各类部件应安装牢固，配件齐全。机柜安装如图 11—5 所示。

图 11—5　机柜安装图

4）走线槽安装

（1）上走线槽道采用侧边式槽道，槽道与机柜之间加 1 mm × 50 mm 绝缘树脂板条隔开，树脂板条边缘小于机柜外边缘 5 mm。走线槽道与机柜之间采用 ϕ5 × 30 mm 高强尼龙螺栓连接，如图 11—6 和图 11—7 所示。

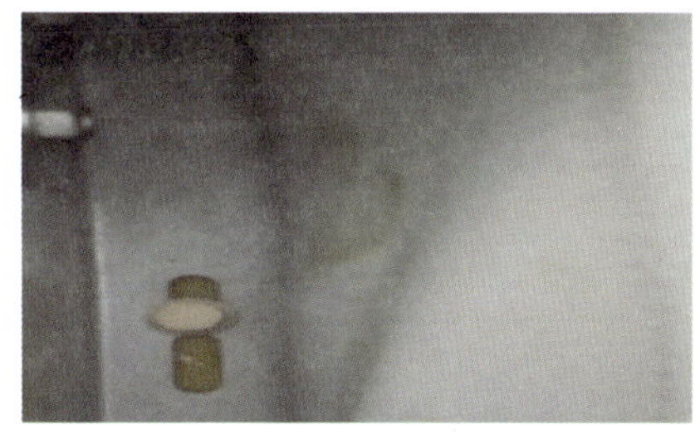

图 11—6　走线槽安装图

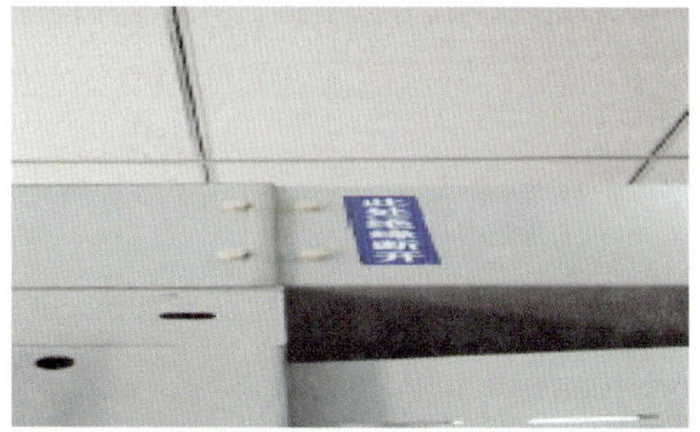

图 11—7　走线槽安装图

（2）两排机柜之间走线槽道加装绝缘隔开。

（3）槽道内满铺防火布，使用强力胶粘贴平整。

（4）槽道内每隔 1 m 设置一处格栅。

（5）移频柜、综合柜柜顶安装 5 mm 厚绝缘板，使槽道平整，绝缘板开孔处使用绝缘胶皮防护。

5）走线架安装

（1）下走线采用 30 mm×45 mm 铝合金型材加工，走线架安装在防静电地板下，在走线架横撑上固定排线器。中继站走线槽宽度为 330 mm，车站走线槽宽度为 400 mm。每隔 400 mm 安装一根横撑，两个走线架的连接段横撑应从中间向两侧均匀排布，整体美观协调。走线架安装如图 11—8 所示。

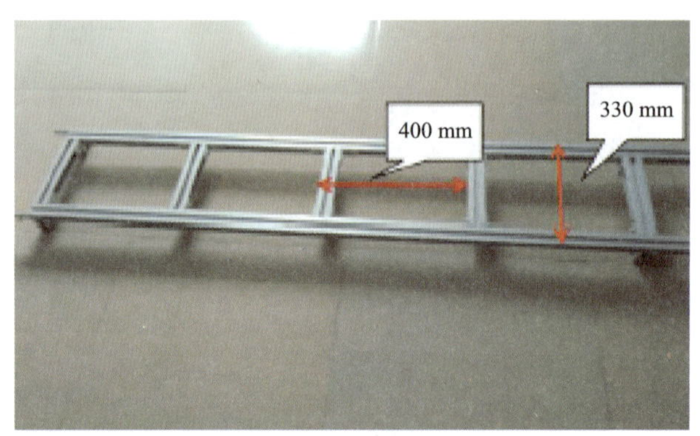

图 11—8　走线架安装图

（2）走线架与地面使用单孔拐角固定，底面距地面 50 mm，使用 $\phi 8$ 膨胀螺栓固定，支腿与地面用绝缘树脂板隔开。每间隔 1 000 mm 安装一个支腿，支腿使用铝合金型材加工，高度为 50 mm。走线架固定如图 11—9 所示。

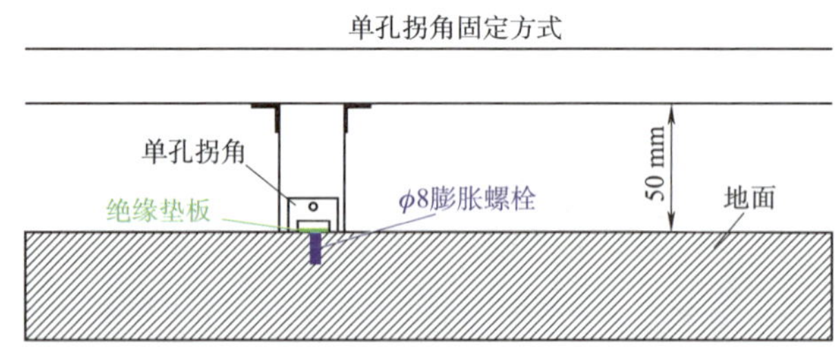

图 11—9　走线架固定示意图

（3）走线架安装应横平竖直，拼接应成一条直线。

6）室内接地连接

（1）铜排与地面之间铺设两层树脂板条，上层树脂板条为 5 mm 厚、30 mm 宽，下层树脂板条为 2 mm 厚、36 mm 宽，树脂板之间及与铜排间均使用强力胶黏接。树脂板条示意如图 11—10 所示。

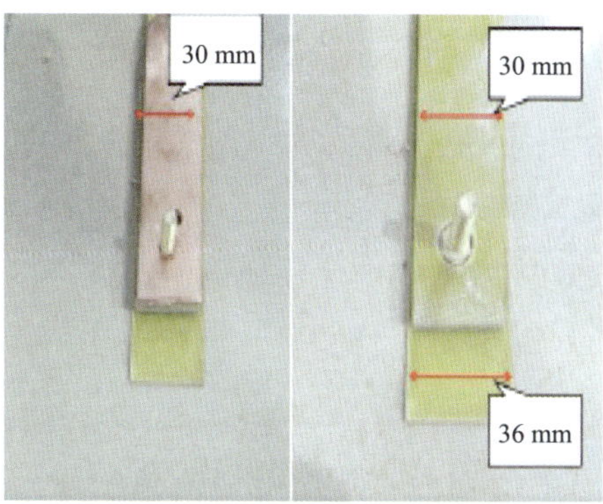

图 11—10　树脂板条示意图

（2）主干铜排之间直向连接，搭接长度 150 mm，采用 3 个 M8 × 30 mm 铜质螺栓连接，间距 45 mm；主干铜排之间垂直连接，搭接部平齐，采用 M8 × 30 mm 铜质螺栓连接；分支铜排与主干铜排之间连接，搭接部平齐，使用 M6 × 30 mm 铜质螺栓连接。铜排连接如图 11—11 和图 11—12 所示。

图 11—11　铜排连接 1

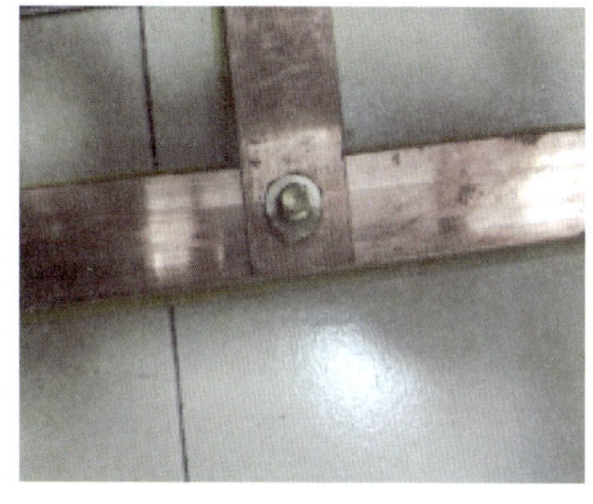

图 11—12　铜排连接 2

（3）电缆成端分支接地使用 3 mm × 30 mm 镀镍铜排；综合柜安全分支接地使用 10 mm^2 黄绿地线；综合柜防雷分支接地使用 50 mm^2 黄绿地线；电源防雷箱分支接地使用 50 mm^2 黄绿地线；其他分支接地使用 2 mm × 15 mm 紫铜排。屏蔽线的屏蔽网接地采用单端接地方式，接地位置在移频柜、综合柜、轨道柜，使用长 100 mm 线径为 1.5 mm^2 黄绿地线环接后再用 6 mm^2 黄绿地线引出，接致机柜接地端子柱上。

（4）10 mm^2 地线使用 10 mm^2—ϕ6 mm 冷压线环，与铜排连接使用 M6 × 30 mm 铜螺栓栓接，螺杆向上穿；50 mm^2 地线使用 50 mm^2—ϕ8 mm 冷压线环，与铜排连接使用 M8 × 30 mm 铜螺栓栓接。

（5）室内设备地线连接后，应进行接地电阻测试，接地电阻不得大于 1 Ω，测试结果填写测试记录。

4. 技术要点

（1）机柜走线槽应采用钢槽，其槽内铺灰色绝缘阻燃布，拐角处应进行防护。

（2）走线槽安装应横平竖直，线槽应拼接成一条直线；走线槽不应形成环状。走线槽闭合时，排间必须进行绝缘处理。

（3）槽与槽之间、槽与盖之间、盖与盖之间的连接应严密，槽与各机柜连接应牢固。

（4）上走线槽外部颜色与机柜颜色相协调。

（5）下走线架应固定在防静电地板下；走线架下应采用 30 mm × 45 mm 铝合金型材加工。

（6）机柜、层、位及设备应设置铭牌，标识完整清晰。

5. 劳动组织

人员配备见表 11—1。

表 11—1 作业人员配备表

序号	岗位	人数	职责
1	施工负责人	1	负责施工组织
2	技术员	2	现场技术总负责
3	信号工	6 ~ 10	现场具体施工

6. 材料要求

机柜、底座、槽道、地线及接地铜排等根据工作计划配置。

7. 设备机具配置

设备机具配置见表11—2。

表11—2　设备机具配置表

序号	名称	规格型号	单位	数量	备注
1	发电机	6 000 W	台	1	
2	电锤钻	GBH2000RE	台	1	
3	钢卷尺	5 m	把	1	
4	榔头		把	2	
5	水平尺		把	1	
6	作业高凳	2 m	把	6	
7	作业灯		个	10	
8	临时配电箱		台	1	

11.1.3　质量控制

1. 质量控制

（1）机柜柜门应自由关合，无卡阻。

（2）各种线缆应有分隔措施。

（3）机柜与墙体绝缘。

2. 质量检验

1）机柜设备进场应进行验收，其规格、型号应符合设计要求及相关技术标准的规定。

2）柜内附属器材质量应符合相关技术标准的规定。

3）机柜安装应符合下要求：

（1）机柜设备安装位置、方式、排列顺序、排间距离等应符合设计要求及相关技术标准的规定。

（2）机柜底部应增加连接支撑底座，底座与机柜连接牢固，底座着地不悬空。

（3）机柜与底座、柜与走线槽、走线槽与走线槽间的连接螺栓应连接牢固。

（4）主通道侧的各排机柜纵向侧面应在同一直线上。

（5）同排机柜的正面应在同一平面上。

（6）机柜应竖直，相邻机柜应紧密靠拢。

4）机柜走线槽安装应符合下列要求：

（1）机柜走线槽应采用钢槽，其槽内及拐角处应增垫绝缘阻燃橡胶垫。

（2）走线槽不应形成环状，走线槽闭合时，排间必须进行绝缘处理。

（3）槽与槽之间、槽与盖之间、盖与盖之间的连接应严密，槽与各机柜连接应牢固。

（4）走线槽应安装横平竖直，线槽应拼接成一条直线。

（5）从线槽底部引出线缆时，开口处应采用橡胶圈或其他保护措施。

5）机柜内的各类部件应安装牢固，鉴别销、卡扣、锁扣等应正确、齐全。

6）各类机柜门、侧板平整，无凹凸现象，漆层无损伤，机柜通风口清洁、通畅。

11.1.4 安全措施

（1）施工人员进入现场，必须穿安全防护服，戴安全帽，并根据相关要求配置其他防护用品。

（2）不得在室内使用发电机。使用发电机时应使用专用插头。

（3）搬运机柜配备足够人力，专人指挥。

（4）室内按消防要求配备灭火器材，室内禁止存放易燃易爆物品。

（5）临时照明应使用标准作业灯，使用临时电源时应设置带有漏电保护装置的配电箱，临时用电应设专人管理。

11.1.5 环保措施

（1）将施工过程中产生的废弃物及时回收，统一处理，做到工完、料净、场地清。

（2）进行产生粉尘作业前，应对设备进行防尘保护。

11.1.6 建设效果及施工照片

建设效果及施工图片如图 11—13 所示。

图 11—13　机柜安装成品图

11.2　电缆引入及室内成端施工

11.2.1　施工前提条件

1. 内业技术准备

在开工前组织技术人员认真学习实施性施工组织设计，阅读、审核施工图纸，澄清有关技术问题，熟悉规范和技术标准。制定施工安全保证措施，提出应急预案。对施工人员进行技术交底和上岗前安全技术培训。

2. 外业技术准备

（1）根据设计文件现场核对已敷设电缆的条数及规格型号并记录。

（2）核对已敷设电缆的预留长度。

（3）检查已敷设电缆电气特性测试合格。

（4）电缆间施工完成。

11.2.2　施工方法及工艺标准

1. 施工程序

施工准备→电缆支架制作→电缆引入→电缆固定→电缆成端→接地连接→电缆引入口封堵→清理。

2. 施工工艺

（1）车站电缆储备间电缆引入前先使用 30 mm × 45 mm 铝合金型材制作电缆

固定支架及电缆上楼爬架；中继站取消电缆井，靠近引入口处挖“U”形电缆沟并使用水泥电缆槽防护。电缆预留量不小于5 m。

（2）中继站电缆引入过程中将电缆余量盘放在室外“U”形电缆槽道内，车站电缆引入过程中将电缆余量盘放在电缆储备间“U”形电缆支架上。

（3）车站电缆间自引入口向室内使用8 mm×300 mm黑扎带将电缆依次绑扎固定在电缆支架上，电缆转弯及余留量的布放均匀圆滑、整齐美观。室内电缆布放如图11—14所示。

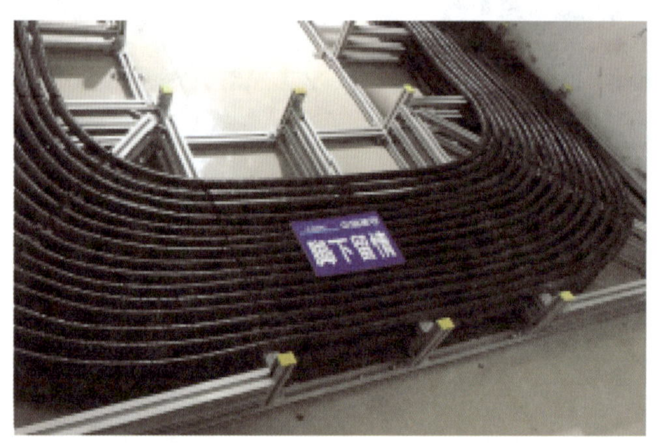

图11—14　室内电缆布放图

（4）在楼层间电缆上楼爬架上使用电缆成端盒制作电缆一次成端，如图11—15所示。轨道数字电缆引入机械室电缆成端柜并制作电缆二次成端；其余电缆引入机械室防雷分线柜，在地面支架上制作二次成端。二次成端使用成端盒制作，如图11—16所示。

3. 施工要求

1）施工准备

（1）清扫电缆间及电缆槽道，检查电缆引入口尺寸及坡度预留是否满足电缆引入需求，电缆成端柜固定是否牢固。

（2）检查电缆引入所需材料、工具准备齐全。

（3）根据需要配备足够的人力。

2）电缆引入

（1）电缆引入按照道岔、信号机、轨道电路等不同用途提前规划好电缆排序制作电缆布放断面图。

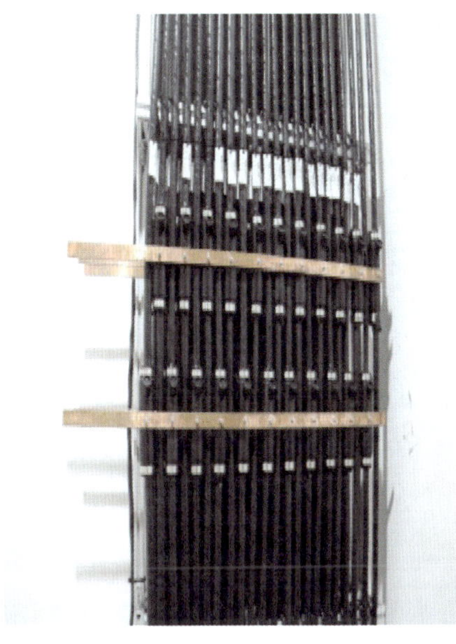

图 11—15　电缆一次成端

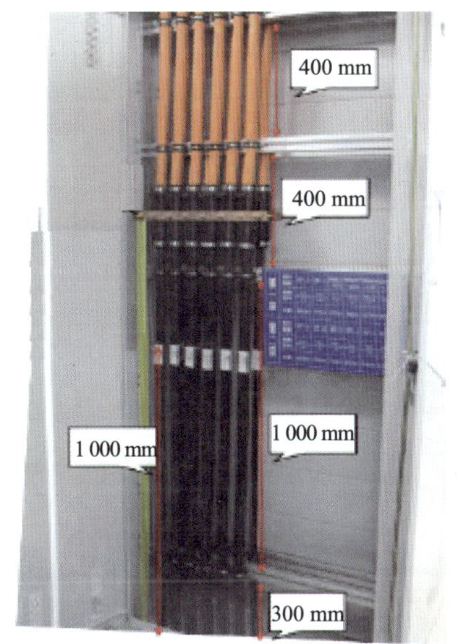

图 11—16　电缆二次成端

（2）引入过程要注意排列顺序，由下层开始逐条固定在电缆支架上，电缆之间不得交叉。

（3）多层引入时，底层电缆成端制作完成后再布放第二层电缆，电缆成端位置高度统一。

（4）电缆接地专用铜排根据电缆数量分别选用 S1066. 01E. 00（22 根）S1066. 03E. 00（32 根）其中一种型号。

（5）楼层间电缆分段固定间距不宜大于 2 m。

电缆全部引入后，在引入口处用防火堵料封堵并填砂处理，水泥抹面。

3）电缆成端

（1）一次成端制作使用电缆成端盒制作，电缆开剥长度为 60 mm，钢带在中间位置断开，钢带及铝护套均露出 30 mm，用砂纸打磨处理，使用“U”形卡将排流导线固定在钢带上，使用小喉箍将排流导线固定在铝护套上。对应成端盒端口处缠绕专用密封胶带，缠绕后直径大于成端盒端口内径 5 mm，成端盒接缝处用专用密封胶带做密封处理。组装成端盒注意灌胶口朝上，成端盒两端使用专用卡箍固定。一次成端制作图如图 11—17 所示。

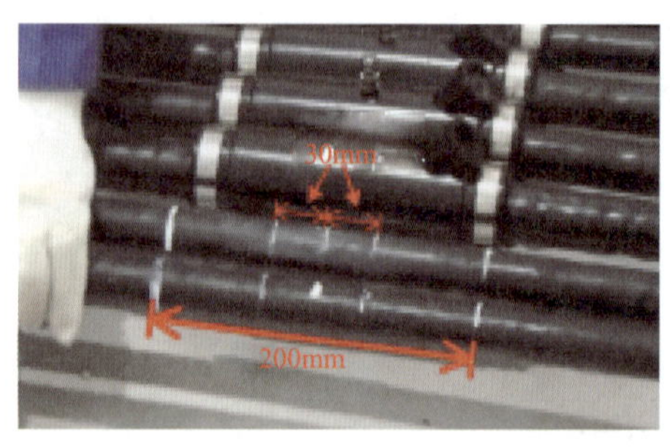

图 11—17　一次成端制作图

（2）二次成端使用成端盒制作，钢带及铝护套均保留 30 mm，用砂纸打磨处理，使用“U”形卡将排流导线固定在钢带上，使用小喉箍将排流导线固定在铝护套上。使用橙色阻燃防护管防护电缆芯线至成端盒内。对应成端盒端口处缠绕专用密封胶带，缠绕后直径大于成端盒端口内径 5 mm，成端盒接缝处用专用密封胶带做密封处理。组装成端盒注意灌胶口朝上，成端盒两端使用专用卡箍固定。二次成端盒制作如图 11—18 所示。

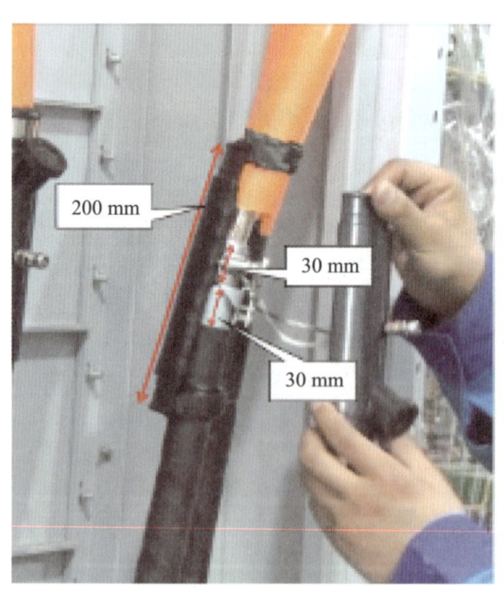

图 11—18　二次成端盒制作图

（3）成端灌胶

①将电缆端头直立并安放稳固。

②撕开封灌胶外袋，取出内袋。

③两手分别捏住内袋卡条两侧边缘，向两侧用力拉，至胶条由槽中滑出，一手抓住塑料槽，一手用力向外拉胶条。

④两手分别抓住胶袋两端，反复上下倒折胶袋，使A、B两种胶液粗混合。

⑤两种胶液经粗混合后将其放在手心上，双手揉搓（勿留死角），揉搓至胶液充分混合。

⑥将胶袋的一角剪开，将胶液由灌胶口灌注到成端盒内。

（4）固定成端盒

使用骑马卡将成端盒两端固定在电缆支架上，电缆排列整齐。

4）接地连接

（1）一次成端使用3 mm×30 mm紫铜排将所有专用接地铜排环接后接至电缆储备间接地汇集板。

（2）二次成端使用3 mm×30 mm镀镍铜排将所有成端盒接地端子环接后接至电缆接地汇集排。

（3）轨道电路用数字电缆内屏蔽层用1.5 mm^2扁平铜网环连后接至综合柜内FLE接地汇集板上，扁平铜网环加穿白色胶管。

5）电缆测试

（1）将电缆外端所有的芯线连接，钢带、铝护套、内屏蔽层及排流线，用一端带有鳄鱼夹的导线连接，连接后接到高阻计（或兆欧表）测试端。

（2）从连接后的电缆芯线中任意取出一根与高阻计（或兆欧表）的另一个测试端连接。

（3）将电缆盘内端电缆的芯线全部开路。

（4）进行单根芯线对其他芯线及金属护层的绝缘电阻测试。

（5）测试后的电缆芯线与未测试芯线应相互分开。

（6）全部芯线测试完成后，芯线应对地放电，填写测试记录。

在电缆盘上做已测试的标识，并对测试仪表进行校核。

6）电缆引入口封堵

电缆全部引入后，在引入口处用防火堵料封堵并填砂处理，水泥抹面。

7）技术要点

（1）电缆间电缆应固定在铝合金支架上；

（2）电缆应按用途、去向进行分层排列；

（3）电缆布放应均匀圆滑、排列整齐无交叉，符合电缆弯曲半径的要求；

（4）电缆开剥长度统一，成端盒安装高度、间距一致，接地端子朝向一致；

（5）接地端子采用 3 mm ×30 mm 铜排就近接至接地汇集线；

（6）距电缆成端盒上方 150 mm 处加挂电缆编号及去向铭牌。

8）劳动组织

作业人员配备齐全，具体人员配置情况见表 11—3。

表 11—3　作业人员配备表

序号	岗位	人数	职责
1	施工负责人	1	负责施工组织
2	防护员	1	负责安全防护
3	技工	8	负责电缆成端
4	普工	10	机具材料搬运、电缆引入

9）材料要求

主要材料见表 11—4。

表 11—4　电缆引入主要材料表

序号	名称	规格	备注
1	胎膜	2 mm	
2	封灌胶		
3	螺栓	M8 ×35 mm	
4	螺栓	M6 ×35 mm	
5	冷压线环	2. 5 mm^2—ϕ 6 mm	
6	冷压线环	6 mm^2—ϕ 8 mm	

10）设备机具配置

设备机具配置见表 11—5。

表 11—5　设备机具配置表

序号	名称	规格型号	单位	数量	备注
1	发电机	6 000 W	台	1	
2	电锤钻	GBH2000RE	台	1	
3	钢卷尺	5 m	把	1	
4	榔头		把	2	
5	水平尺		把	1	
6	作业高凳	2 m	把	6	
7	作业灯		个	10	
8	临时配电箱		台	1	

11.2.3　质量控制

1. 质量要求

（1）必须满足电缆弯曲半径的要求。

（2）开剥电缆时，防止损伤到电缆芯线。

（3）阴雨雪天气禁止进行电缆测试。

2. 质量检验

（1）电缆引入量备用长度。

（2）电缆固定牢固、排列整齐。

（3）电缆引入弯曲半径。

（4）电缆引入口封堵严密。

（5）电缆成端屏蔽连接。

（6）电缆电气特性。

11.2.4　安全措施

（1）使用裁纸刀开剥电缆时注意避免划伤。

（2）使用直梯时，必须先检查直梯是否坚固，是否符合安全要求。立直梯坡度60°为宜，梯底宽度不小于50 cm，并有防滑装置，梯顶无搭勾，梯脚不能稳固时，须有人扶梯，人字梯拉绳必须牢固。

11.2.5 环保措施

将施工中的废弃物及时回收，做到工完、料净、场地清。

11.2.6 建设效果及施工照片

建设效果及施工图片如图 11—19 和图 11—20 所示。

图 11—19 电缆备用量布放图

图 11—20 电缆二次成端图

11.3 机柜配线

11.3.1 施工前提条件

1. 内业技术准备

在开工前组织技术人员认真学习实施性施工组织设计，阅读、审核施工图纸，澄清有关技术问题，熟悉规范和技术标准。制定施工安全保证措施，提出应急预案。对施工人员进行技术交底和上岗前安全技术培训。

2. 外业技术准备

（1）根据设计文件复核机柜位置及组合位置。

（2）已经完成室内机柜配线的首件定标。

（3）线缆及附属材料准备完毕，号码管已打印完毕。

11.3.2　施工方法及工艺标准

1. 施工程序

施工准备→线缆布放→线缆绑扎→线缆焊接（插接）→导通、校对。

2. 施工工艺

（1）机柜线缆引入口应进行防护；

（2）剥切线缆外护套后，切口处应使用热缩管进行热缩处理；

（3）移频柜、综合柜线把绑扎时，应将接收线、发送线和其他配线由内到外依次排列、分别绑扎；

（4）配线应采用线号管标明去向，线号管长度一致；

（5）配线无应力，弧度一致，绑扎均匀，整齐美观；

（6）当配线采用截面积小于 1 mm^2 的多股芯线时，应先用专用工具将冷压端帽与多股芯线压接牢固后，再与弹簧接线端子连接。

3. 施工要求

1）作业准备

（1）槽道内绝缘防护布、槽道内隔离栅栏符合安装需求。

（2）组合柜侧面线槽开口满足需求。

（3）需要用铝合金梯、高凳时，先检查铝合金梯、高凳是否稳固。

2）走线槽（架）配线

（1）走线槽道内设立交栅格，槽道被分成上下各 4 条小槽道。栅格设置于槽道的转弯处和机柜下线口两侧，走线槽道直线距离超过 1 m 时每隔 1 m 放置一个栅格，用以约束线在槽道内的走线位置。使不同性质的配线各行其道，将接收、发送之间相互干扰和来自其他配线的干扰降低到最小程度。各线束使用 4 mm × 200 mm 黑色扎带绑扎，间距 100 mm，相邻线束扎带应保持一致。扎带绑扎如图 11—21 所示。

（2）机柜下线口用塑料护圈或橡胶套防护，固定于下线口处。

（3）使用排线器固定线缆，提前绘制线缆布放图，按电源、监测配线电缆、CAN 线、驱采配线电缆、LEU 尾缆五种用途分别固定在走线架上，排线器间距 400 mm，两排线器之间 2 mm × 16 mm 使用 10 mm × 500 mm 黑色扎带绑扎

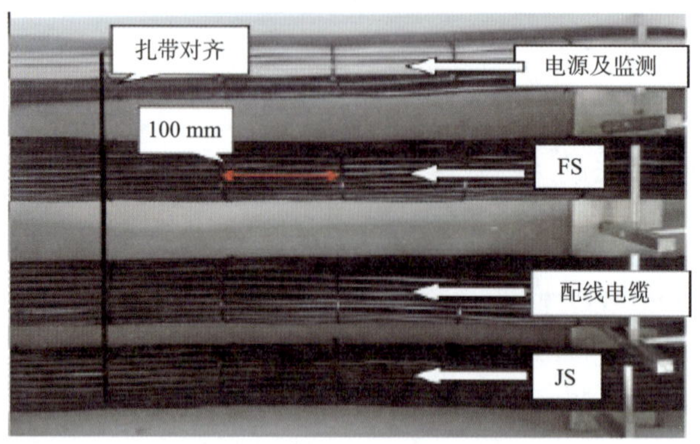

图 11—21 扎带绑扎图

（图 11—22 中右图）、其余线型使用 5 mm × 300 mm 黑色扎带绑扎。线缆固定如图 11—22 所示。

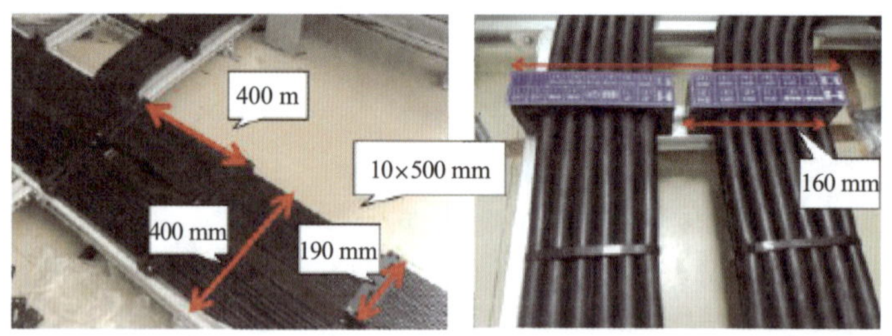

图 11—22 线缆固定图

3）布线原则

（1）施工人员熟悉机柜编号及端子的位置及各种配线图，了解每个部分用线规格及型号。

（2）按照不同机架布放，顺序依次为：组合柜内部、外部；组合柜至防雷分线柜；组合柜至接口柜。

（3）不同类型的配线要分批布放，所有线缆布放必须使用放线车，并且破除线缆绞劲再进行布放。

（4）线型线色使用依据图纸要求使用。

（5）放线工作完成后，检查是否有遗漏错放。检查方法可对照图纸查根数或对号牌的方法确认。

4）组合柜配线

（1）组合柜零层

①组合柜电源线从四柱端子左侧下线（站在机柜背面），车站 380 V 四柱端子板与 380 V 保险底座互换位置，确保下线孔均在左侧。

②1. 5 mm^2 和 2. 5 mm^2 电源环线手工绕环，其他电源环线均采用压接线环镀锡处理。

③四柱端子的电源线把使用 4 mm × 200 mm 白色扎带绑扎（7 × 0. 52 mm^2 线使用 3 mm × 150 mm 白扎带），扎带间隔 35 mm。断路器底座及十八柱端子的线把使用 3 mm × 150 mm 白色扎带绑扎，扎带间距为 20 mm。电源线绑扎如图 11—23 所示。

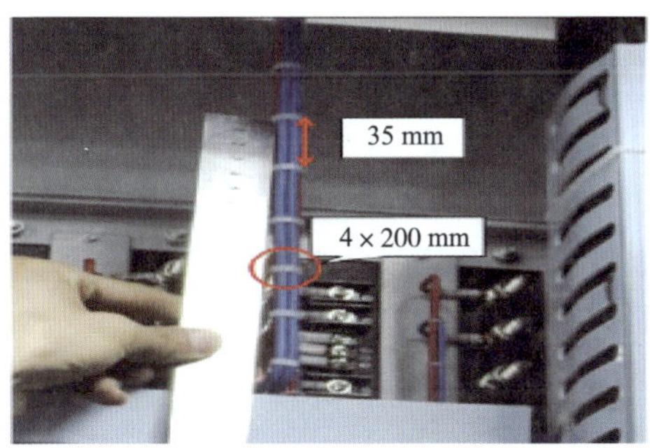

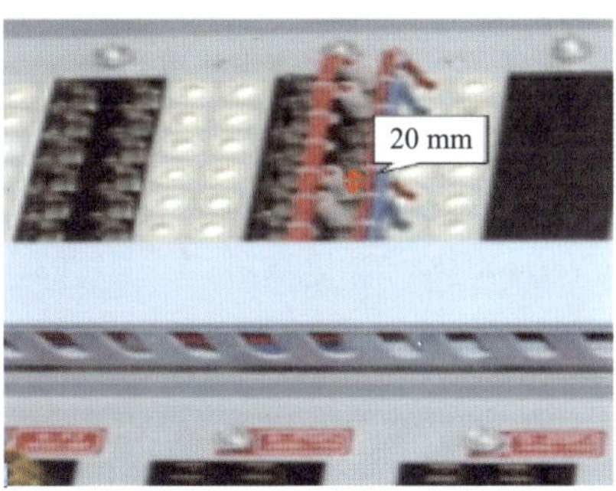

图 11—23　电源线绑扎图

④电源线使用白色打字套管，套管段长为 20 mm；熔丝报警及 7 × 0. 52 mm^2 线套管长度为 18 mm。18 柱焊线套管长度 25 mm。

⑤1. 5 mm^2 及以下电源线使用 ϕ2. 5 mm 套管，2. 5 mm^2、4 mm^2、6 mm^2 电源线使用 ϕ6 mm 套管，10 mm^2 电源线使用 ϕ8 mm 套管，16 mm^2 电源线使用 ϕ12 mm 套管。

⑥侧面线槽对应零层横向槽位置开 ϕ20 mm 孔，使用白色齿形防磨卡进行防护。侧面槽道开口如图 11—24 所示。

（2）组合柜侧面

①机柜顶部引下孔处用黑色橡皮胶垫防护，竖向线槽内线把用黑色 5 mm × 300 mm 扎带绑扎，间距 90 mm。竖向电缆绑扎如图 11—25 所示。

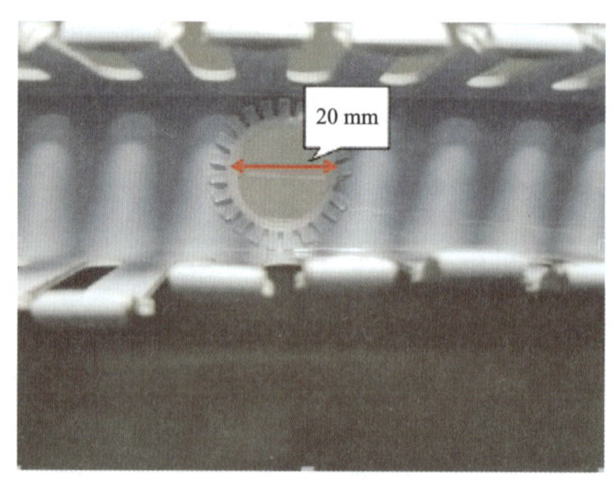

图 11—24 侧面槽道开口图

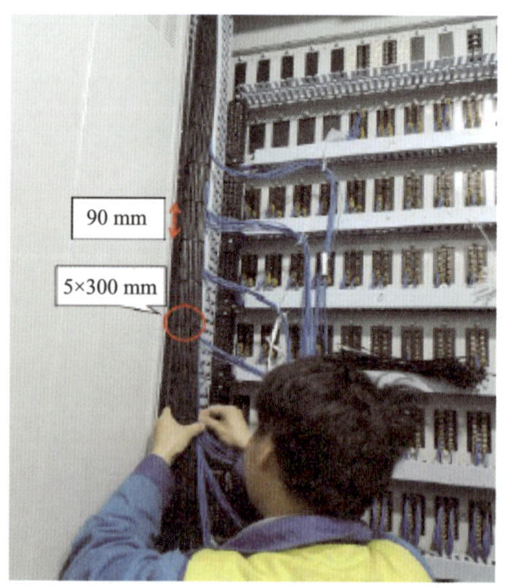

图 11—25 竖向电缆绑扎图

②屏蔽线及配线电缆在出线孔上方 100 mm 处开始剥线，开剥处采用黑色 $\phi8\times40$ mm 热缩管热缩处理，组合柜端的屏蔽线网不做接地。

③组合内部熔丝报警环线使用的 23×0.15 mm^2 线，采用 0.5 mm^2—$\phi3$ mm 冷压线环压接，使用白色 $\phi2.5\times18$ mm 打字套管。熔丝报警环线在竖向线槽背面绑扎（不入槽），至其他机柜的熔丝报警环线从最下层组合引出至竖向线槽。

④组合柜侧面竖槽开孔大小为 25 mm，开孔位置为上下两层端子板中心，使用白色齿形防磨卡防护。屏蔽线与 6 芯配线电缆合并绑把，绑把时使用白色 3 mm × 150 mm 扎带绑扎，竖向线槽内预留 100 mm 备用量，并绑扎在线槽外侧壁上，防止线把横向窜动；引出竖槽后绑扎两道（左侧为一道）开始分线，扎带间距为 13 mm。横向线把使用扎带固定在端子板下方，防止线把纵向窜动。横向线把绑扎如图 11—26 所示。

⑤组合柜侧面采用焊接方式，使用组合柜专用卡尺量出配线长度，剥线长度为 8 mm，线头穿入焊线孔，绝缘线皮距端子片 1 mm，使用 75 W 电烙铁焊接，要求焊点光滑饱满无硬脖，焊点为三分之二焊片大小，使用白色 $\phi4\times25$ mm 打字套管，字面朝向组合柜中心。正常情况从左往右依次焊接，防止烙铁烫伤已完配线（左手操作顺序相反）。组合柜专用卡尺使用如图 11—27 所示。

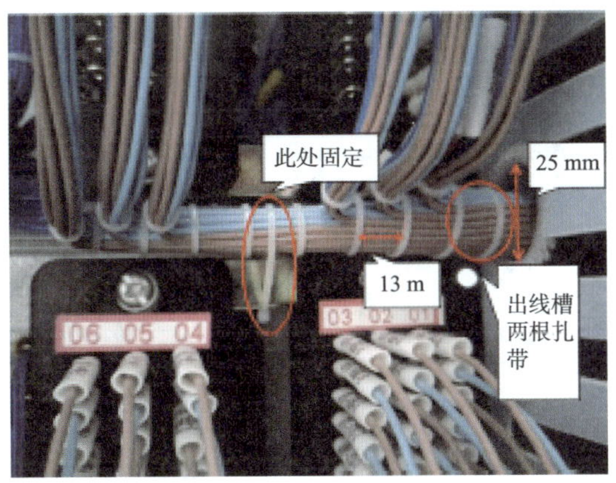

图 11—26　横向线把绑扎图

图 11—27　组合柜专用卡尺测量图

5）移频柜配线

（1）面向移频柜背面，右侧竖槽布放发送线缆及 $6\times0.4\ mm^2$ 配线电缆、左侧竖槽布放接收线缆，在出线孔位置使用白色齿形防磨卡进行防护。移频柜背面配线如图 11—28 所示。

（2）移频柜横向托盘内发送、接收、$6\times0.4\ mm^2$ 配线电缆分开绑把，接收线把在最里侧，发送线把在中间，$6\times0.4\ mm^2$ 配线电缆在最外侧。对齐相应端子从各线把下方出线，线把固定在托盘上，使用白色 3 mm × 150 mm 扎带绑扎，间距为 20 mm，各线把扎带应对齐。

图 11—28 移频柜背面配线图

（3）移频柜插接配线时应使用移频柜专用卡尺控制配线长度，线头开剥长度为 11 mm，使用 0.5 mm² 冷压端帽，使用专用压线钳压接。使用白色 ϕ2.5 × 20 mm 打字套管。移频柜专用卡尺使用如图 11—29 所示。

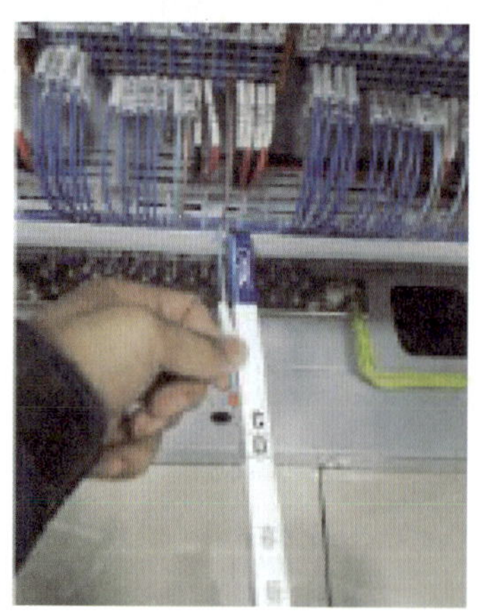

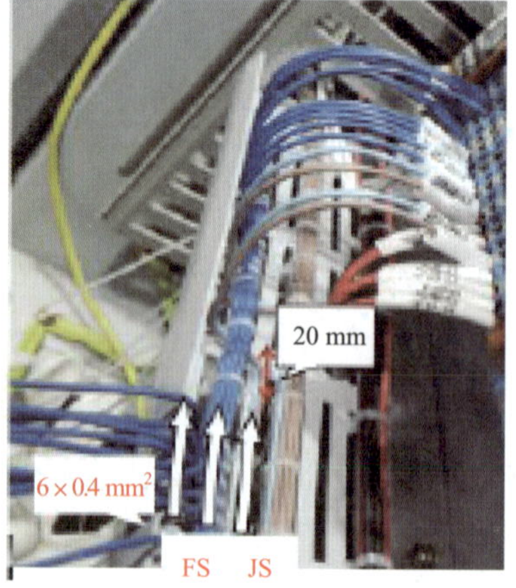

图 11—29 移频柜专用卡尺测量图

（4）移频柜零层使用16 mm^2 红蓝电源线环接，使用移频柜专用卡尺控制配线长度（长度出托盘侧边140 mm），使用白色ϕ12 ×28 mm 打字套管，如图11—30 所示。

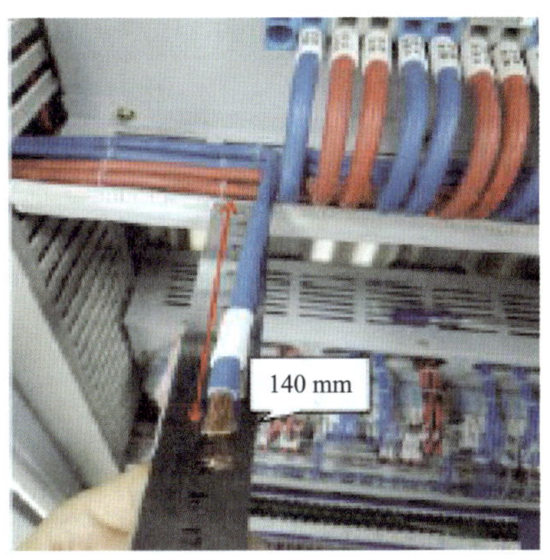

图11—30 电源线配线图

（5）移频柜接收等级调整分连线使用蓝色23 ×0. 15 mm^2 阻燃铜芯线，长度为150 mm，使用0. 5 mm^2 冷压端帽压接。

6）综合柜配线

（1）面向综合柜设备侧，右侧竖槽布放接收及监测线缆（应答器尾缆）、左侧竖槽布放发送线缆（应答器电缆和电话线），贯通线缆按用途与使用电缆同槽。在出线孔位置使用白色齿形防磨卡进行防护。

（2）线缆开剥位置在出线孔上方100 mm 处，屏蔽网接地使用1. 5 mm^2 黄绿地线环接在屏蔽网上，使用6 mm^2 黄绿地线引到DLE 铜牌。

（3）综合柜零层上部配线发送软线线把固定在横向托盘最里侧，向外依次是接收软线线把、监测软线线把、发送电缆线把、接收电缆线把；扎带均匀排布，使用白色3 mm ×150 mm 扎带绑扎，间距20 mm。竖向发送，接收电缆线把垂直于托盘，使用白色3 mm ×150 mm 扎带绑扎，间距14 mm。电缆出线弧度应顺直统一，拐角处自然弯曲。

（4）综合柜零层下部电话与贯通配线线把固定及绑扎方式同上。

（5）中继站应答器防雷模块安装在综合柜零层下部，应答器电缆在内侧，应答器尾缆在外侧。扎带均匀排布，使用白色3 mm ×150 mm 扎带绑扎，间距20 mm。电缆出线弧度应顺直统一，拐角处自然弯曲。

（6）综合柜插接配线时应使用综合柜专用卡尺控制配线长度，线头开剥长度为 11 mm，使用 0.5 mm^2 冷压端帽，使用专用压线钳压接，使用白色 $\phi 2.5 \times 20$ mm 打字套管。电缆配线如图 11—31 和图 11—32 所示。

（7）分线采集器电源线从机柜背面引下，电力电缆外护套在引下口处开剥，使用白色 4 mm × 200 mm 扎带绑扎，间距 35 mm。

（8）综合柜模拟网络盘勾线使用蓝色 23 × 0.15 mm^2 阻燃铜芯线，勾线长度为 120 mm，使用白色 $\phi 1 \times 12$ mm 套管。

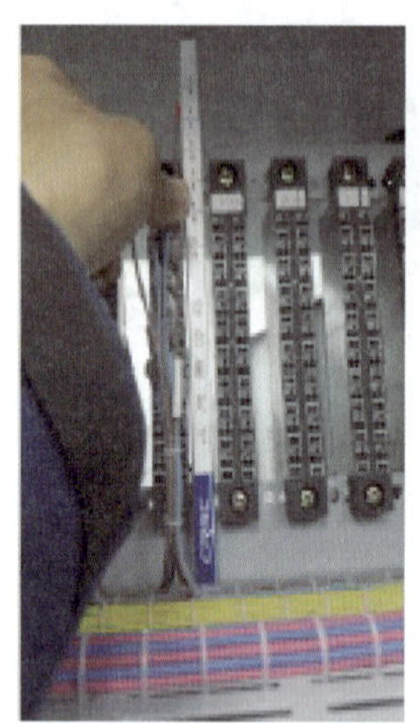

图 11—31　电缆配线 1

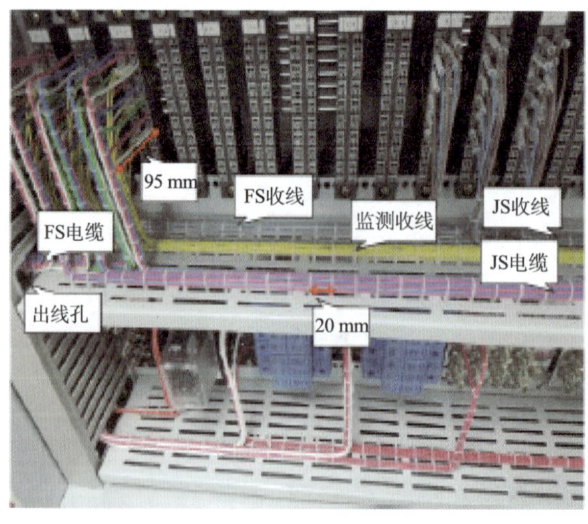

图 11—32　电缆配线 2

7）接口柜配线

（1）接口柜插座配线：使用 $6\times0.4\ mm^2$ 蓝色配线电缆，剥线位置为出线孔上方100 mm，开剥处采用黑色 $\phi8\times40$ mm 热缩管热缩处理。出线位置在横槽的上方，使用 $\phi20$ mm 开孔器开孔，使用白色齿形防磨卡进行防护，出线孔上方使用白色 3 mm × 150 mm 扎带绑扎两道，间距 20 mm，如图 11—33 所示。

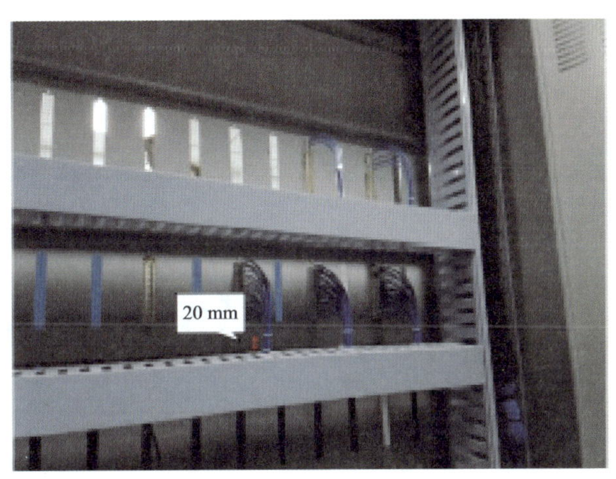

图 11—33 接口柜插座配线

（2）中继站接口柜每层的双数位航空插座使用，单数位预留；车站第一位航空插座预留，按顺序使用。列控航空插座为 36 位，LKF 需要从接口柜 33、34、35、36 环接到组合柜零层；联锁航空插座为 32 位，IOZ/IOF 均需从联锁机柜引到组合柜零层。

（3）航空插座端子焊线使用接口柜专用卡尺控制配线长度，焊点要均匀饱满，无毛刺，无硬脖；使用白色 $\phi2.5\times20$ mm 打字套管，航空插座端子柱防护套管为 $\phi1\times12$ mm。

（4）中继站：驱采配线电缆从机柜的正面走线，使用 $\phi32$ 开孔器在机柜底部开孔，开孔位置正对航空插头，使用 30 mm × 45 mm × 880 mm 铝合金型材制作支架，第一根距机柜底部 330 mm，第二根距机柜底部 1 050 mm，用骑马卡将驱采电缆固定在型材上。中间位置使用白色 3 mm × 150 mm 扎带绑扎，间距 90 mm。

（5）车站：驱采配线电缆从机柜的正面走线，使用 $\phi32$ 开孔器（大站根据电缆数量确定开孔器尺寸）在机柜底部开孔，开孔位置正对航空插头，使用 30 mm ×

45 mm×880 mm 铝合金型材制作 1 根支架，距机柜底部 330 mm，用骑马卡将驱采电缆固定在型材上。中间位置使用白色 3 mm×150 mm 扎带绑扎，间距 90 mm。

（6）航空插头焊线预留 3 次做头量，焊点要均匀饱满，无毛刺，无硬脖；使用白色 ϕ1×12 mm 打字套管。组装插头时，中继站从插头底部出线，车站从中间出线。航空插头焊线要按照关键工序控制卡规定程序操作并填写关键工序控制卡。航空插头安装如图 11—34 所示。

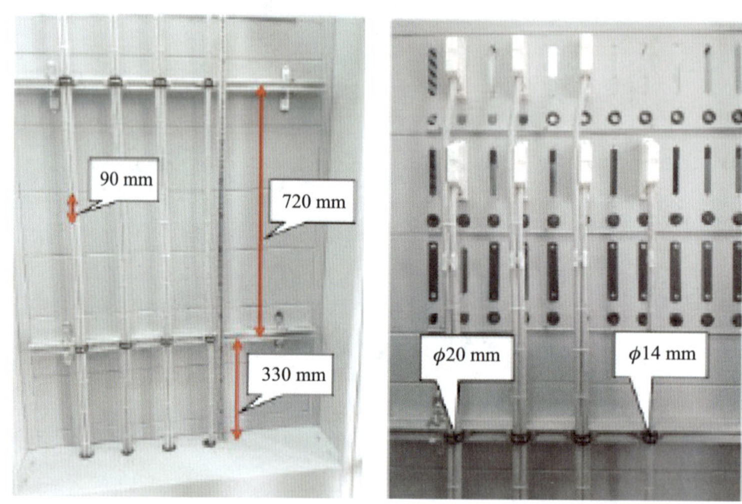

图 11—34　航空插头安装图

8）防雷分线柜

（1）分线柜顶部加装 5 mm 厚树脂板，对着出线孔开椭圆形孔，并用白色齿形防磨卡进行防护，线把统一在机柜顶部开剥，开剥位置加热缩套管。

（2）面向机柜背面，从右向左第一个槽道走室外电缆，第二、三个槽道为室内软线，第四、五个槽道为室外电缆，向后依次按此方式排布。

（3）竖槽引下的软线线把使用蓝色线缆作为压面线，使用白色 3 mm×150 mm 扎带绑扎，间距 40 mm，各线把扎带排布均匀一致，出线前在线槽内预留 150 mm 备用量。线缆绑扎如图 11—35 和图 11—36 所示。

（4）所有软线配线均采用手工绕环，线环缠绕紧密，大小与端子匹配，使用白色 ϕ2.5×20 mm 打字套管防护；室外电缆需使用加强线环，使用白色 ϕ2.5×20 mm 打字套管防护。线条长度弯曲弧度均匀美观。

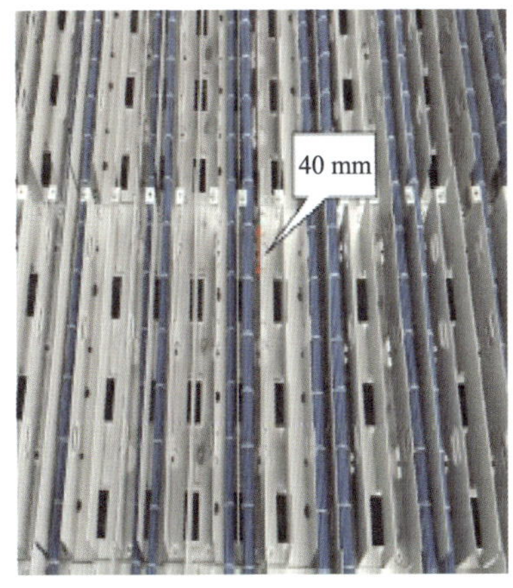

图 11—35　线缆绑扎 1

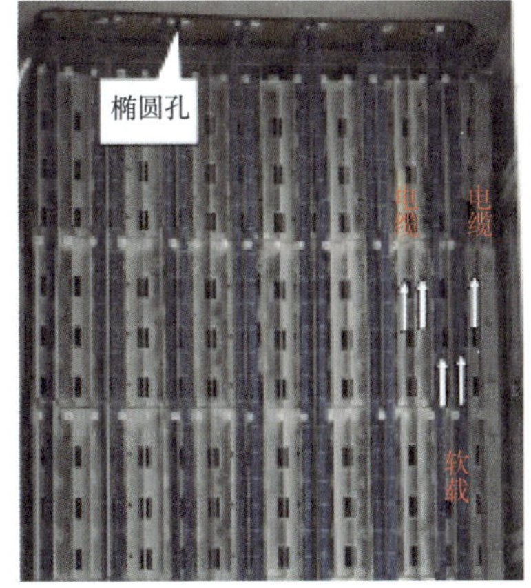

图 11—36　线缆绑扎 2

9）电缆柜电源线

（1）电缆成端柜背面电源线侧使用 6 根 30 mm × 45 mm × 880 mm 铝合金型材制作支架，均匀布放在机柜背面，与柜体连接牢固，支架上安装排线器固定电源线，如图 11—37 所示。

（2）电源线名称标牌放在第四道型材上。

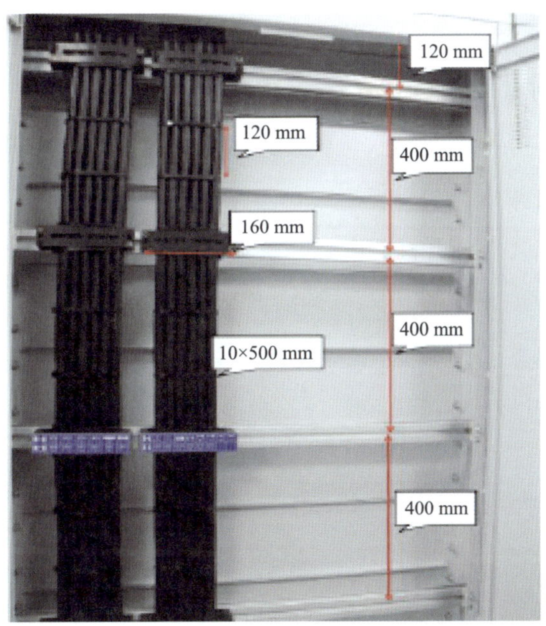

图 11—37　成端柜电源线布置图

10）排架报警器安装

（1）排架报警器安装在主通道侧，报警器顶面距机柜顶面 40 mm，排架报警器边缘距机柜后边缘 160 mm，出线孔使用 ϕ20 开孔器开孔，出线孔用接口柜胶皮圈防护，如图 11—38 所示。

（2）配线使用白色 ϕ2.5 × 20 mm 打字套管，使用白色 3 mm × 150 mm 扎带绑扎，间距 15 mm。

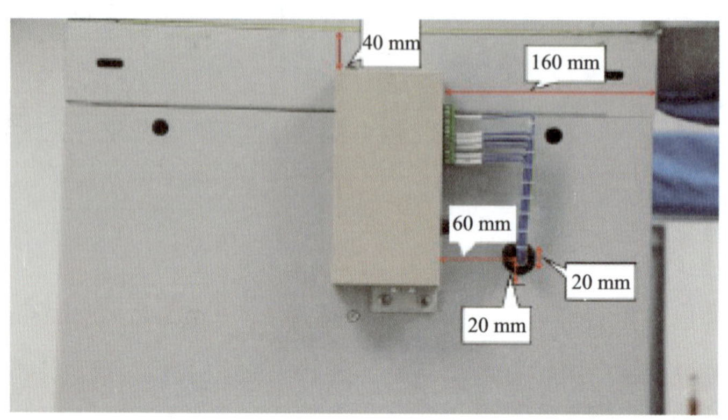

图 11—38 报警器安装示意图

11）技术要点

（1）机柜线缆引入口应进行防护；

（2）剥切线缆外护套后，切口处应使用热缩管进行热缩处理；

（3）移频柜、综合柜线把绑扎时，应将接收线、发送线和其他配线由内到外依次排列、分别绑扎；

（4）配线应采用线号管标明去向，线号管长度一致；

（5）配线无应力，弧度一致，绑扎均匀，整齐美观。

12）劳动组织

作业人员配备见表 11—6。

表 11—6 作业人员配备表

序号	岗位	人数	职责
1	施工负责人	1	负责施工组织
2	技术员	2	现场技术总负责
3	信号工	6 ~ 10	现场具体施工

13）材料要求

室内各型线缆、冷压端帽、打号胶管、绑线、线环、焊锡丝等根据工作计划配置。

14）设备机具配置

设备机具配置见表11—7。

表11—7　设备机具配置表

序号	名称	规格型号	单位	数量	备注
1	发电机	6 000 W	台	1	
2	数字万用表	Fluke17B +	块	6	
3	小工具		套	8	
4	电烙铁	75W	把	5	
5	管型压线钳	0. 25-10	把	10	
6	液压钳	YQK120	把	1	
7	焊枪		把	1	
8	作业灯		个	5	
9	配线卡尺		把	10	
10	专用插接工具		把	10	
11	漏电保护装置		套	1	

11.3.3　质量控制

1. 质量要求

（1）线缆布放不得挤压、扭曲，按配线图连接设备。

（2）线缆在槽道内按不同路由分开布放；配线按机架顺序顺直、平直排列，无扭绞、交叉或溢出线槽，不得接头。

（3）各种线缆应绑扎固定，编扎电缆芯线时保持电缆芯线的扭绞。

（4）敷设完毕的线缆两端应明显标识，标明型号、长度及起止设备名称等，保持标识完好。

（5）采用焊接时，电缆芯线焊接要端正、牢固，焊点光滑，无假焊、虚焊，无毛刺；芯线绝缘无烫伤、开裂及回缩现象。

（6）走线槽内应用格栅分别将电源、发送、接收、散线、电缆分开布线。

2. 质量检验

（1）所有线缆规格、型号符合设计要求。

（2）室内布线全部采用阻燃型，线条不得有中间接头和绝缘破损现象。

（3）室内所有线缆布线不应出现环状，不同电压等级的电线路宜分开敷设，需要交叉时应垂直交叉，线缆应排列整齐。

（4）剖切电缆时，不得损伤芯线外层绝缘。

（5）线缆引出端应挂有标明去向的铭牌。

（6）当配线与端子的连接采用焊接方式时，不得使用带有腐蚀性的焊剂，焊接牢固，焊点应光滑，无毛刺、假焊、虚焊现象。

（7）压接线环及焊接端子片均应套有塑料软管保护，套管与线环或端子间松紧适度，套管长度均匀一致。

（8）当线把采用绑扎方式时，绑扎应整齐、间隔均匀，表面线条和出线部位应顺直、美观。

（9）压接钳检查，冷压端子压接工艺。

11.3.4 安全措施

（1）施工人员进入现场，必须穿安全防护服，戴安全帽，并根据相关要求配置其他防护用品。

（2）使用发电机时应使用专用插头，电源插座必须有漏电保护器。

（3）室内按消防要求配备灭火器材，室内禁止存放易燃易爆物品。

（4）不得在室内使用发电机。

（5）临时照明应使用标准作业灯，使用临时电源时应设置带有漏电保护装置的配电箱，临时用电应设专人管理。

（6）施工时应有专人负责，配备足够的人力，组织得力、分工明确。

11.3.5 环保措施

将施工过程中产生的废弃物及时回收，统一处理，做到工完、料净、场地清。

11.3.6 建设效果及施工照片

建设效果及施工图片如图 11—39 所示。

图 11—39　组合柜配线示意图

11.4　电源设备安装

11.4.1　施工前提条件

1. 内业技术准备

在开工前组织技术人员认真学习实施性施工组织设计，阅读、审核施工图纸，澄清有关技术问题，熟悉规范和技术标准。制定施工安全保证措施，提出应急预案。对施工人员进行技术交底和上岗前安全技术培训。

2. 外业技术准备

1）设备外观检查：设备应完好、无损坏，零部件及配套产品技术说明书、合格证、出厂质量检验报告等齐全。

2）设备施工前，应按程序对房建等相关工程施工的接口、作业面验收交接，并确认符合下列进场条件：

（1）预留的沟、槽、管、孔符合布线要求。

（2）防静电地板应安装完毕，防静电地板下、走线槽内清洁无杂物。

（3）法拉第笼屏蔽、网格地线、接地汇集线安装完毕。

（4）门窗及玻璃安装齐全。

（5）室内湿、温度等符合信号设备安装的要求。

3）对使用的工具、仪表进行检查，确认性能指标。

11.4.2 施工方法及工艺标准

1. 施工程序

施工准备→底座支架安装→绝缘垫安装→电源设备安装→设备间槽道安装→防雷接地→电源设备间配线→绝缘测试→清理现场→施工结束。

2. 施工工艺

（1）底座采用膨胀螺栓安装在瓷砖地面上，排列整齐，底座顶面加环氧树脂板后与防静电地板标高平齐；

（2）电源设备采用高强尼龙螺栓固定在底座上，连接牢固；

（3）电源设备间加装 1 mm 厚环氧树脂板，并用连接板连接紧密；

（4）电源设备应设置完整清晰的标识。

3. 施工要求

1）施工准备

（1）进场前应先将室内清扫干净，搬运物件不要剐蹭地板及墙壁。

（2）应首先根据设计图纸确认电源屏数量、规格、安装位置、排列顺序。

（3）临时用电参照室内机柜安装作业指导书。

（4）文明施工及环保参照室内机柜安装作业指导书。

2）设备底座安装参照室内机柜安装作业指导书。

3）电源屏及不间断电源（UPS）安装：

（1）将电源屏按施工图纸依次安装在底座支架上。

（2）调整同一排电源屏使之正立面在同一平面。

（3）将电源屏之间顶部连接片连接牢固。

（4）将每个电源屏四角用高强尼龙螺栓与支架连接。

（5）不间断电源（UPS）放至静电地板上，使用支撑腿固定，在不间断电源（UPS）下方静电地板上开口便于引线。

4）电池架（或电池柜）及电池体的安装：

（1）将电池架（或电池柜）按施工图纸依次安装在底座支架上。

（2）在铁架上安装电池体时，先垫阻燃缓冲胶垫，保证其牢固可靠。

（3）将电池体在电池架（或电池柜）从下层至上层依次摆放，排列整齐，前后位置、间距适当，保证空气流通。每列外侧应在一条直线上，其偏差不大于 3 mm，电池单体应保持垂直和水平，底部四角均匀着力。

（4）电池间隔偏差不大于 5 mm；电池之间的连接应平整，连接螺栓、螺母应拧紧，外罩塑料盒盖不得缺失。

（5）用电压表检查电池端电压和极性，保证极性正确连接，对于电压偏低的电池应筛选剔除。

（6）电池连接线先将蓄电池之间连接，然后将蓄电池组与充电器或者负载连接。

（7）各组电池应根据馈电母线走向确定正负极出线位置。

（8）安装蓄电池所用的工具应注意绝缘，防止短路，注意正、负极性标志，连接电缆应尽可能短。

（9）安装检查结束后，测量并记录所有电池单体的开路电压和电池组的总电压，并填写相关记录。

5）电源防雷箱及电源监测箱的安装

（1）防雷箱及监测箱采用内嵌式安装方式，底面距静电地板 1 380 mm，防雷箱在左侧，监测箱在右侧，箱体突出墙壁 35 mm，保证箱门正常开启，两个箱子底边缘表面齐平，紧贴放置。在防雷箱下方预留三根 50 mm 钢管，钢管与电力预留两根钢管并排放置。防雷箱安装示意如图 11—40 和图 11—41 所示。

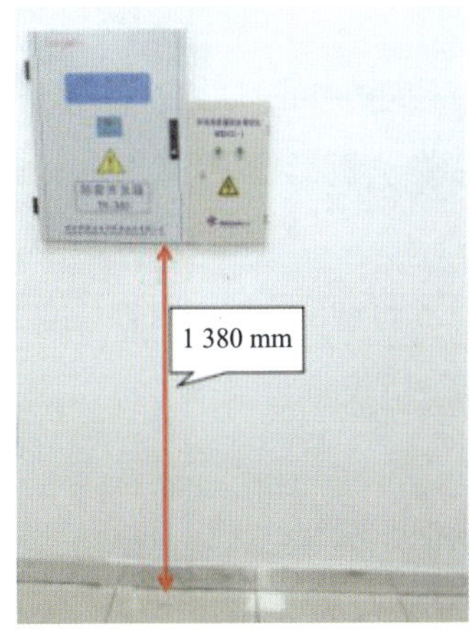

图 11—40　防雷箱安装

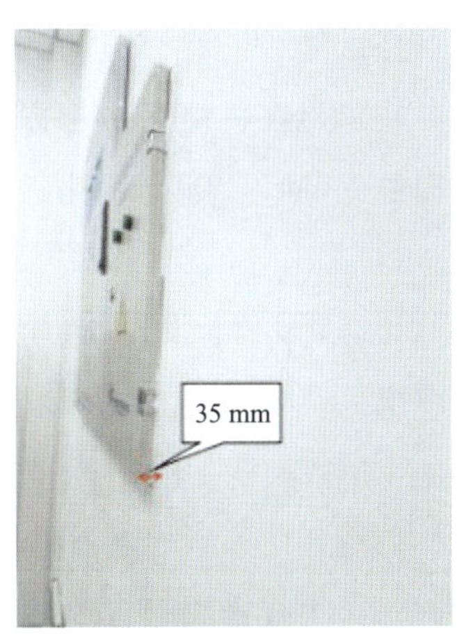

图 11—41　防雷箱侧面安装标准

（2）在防雷箱与监测箱连接处开ϕ35 mm 出线孔，监测线通过防雷箱引到监测箱，开孔位置的监测线使用胶皮圈进行防护，如图 11—42 所示。

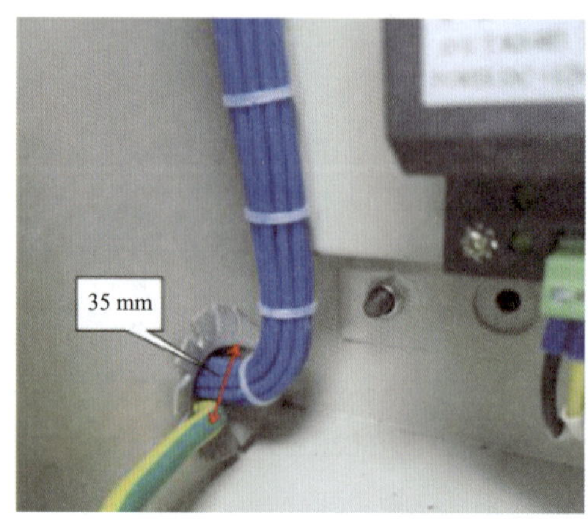

图 11—42 防雷箱出线孔

（3）防雷箱电源引入使用 4 × 16 mm^2 电力电缆，使用 16 mm^2 – ϕ8 mm 冷压环压接，用ϕ12 × 25 mm 白套管防护。监测箱电压采集在电源引入侧，电流采集在电源输出侧。电压采集线为蓝色 7 × 0. 52 mm^2 阻燃铜芯线，电压采集线需要绕环，使用白色ϕ4 × 25 mm 打字套管，电流采集安装方式按照监测图纸配线。

（4）箱体安装应垂直，调节其偏差不应大于箱体高度的 1‰。

6）电源屏配线

（1）电源屏在机柜下方走线架上剥线，并套长度 50 mm 热缩管，电源屏输出线使用白色 5 mm × 300 mm 扎带绑扎，固定在端子板后方滑道上，扎带间距 40 mm。

（2）电源线套管长度为 28 mm，监测线使用ϕ2. 5 打字白套管，套管长度 20 mm。外圈电源线长 200 mm（含做头），内圈电源线长 155 mm（含做头），监测线长 130 mm。电源线配线如图 11—43 所示。

（3）线缆布防完毕后进行叫号核对，绑扎线把、配线。

（4）端子上线采用符合规格的专用工具，留有余量，一孔一线，配线自然全部插入。

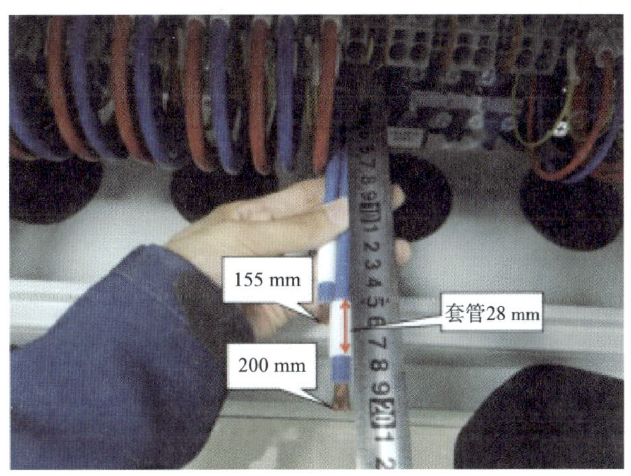

图 11—43　电源线配线

7）电源设备防雷接地：

（1）电源防雷箱接地

①采用截面积不小于 6 mm^2 铜导线将电源引入防雷箱外壳与防雷箱内接地端子连接。

②电源防雷箱单独设置接地汇集排，采用 50 mm^2 铜导线连接。

（2）设备安全连接

采用 2 mm × 15 mm 的铜排将每个电源屏与安全接地汇集线连接。电源屏防雷接地采用 50 mm^2 的黄绿色多股铜导线将每个电源屏内的防雷接地端子接至防雷接地汇集线。

8）技术要点

（1）信号设备室内外接地应与综合接地系统连接，接地电阻不大于 1 Ω。

（2）机架（柜）、金属箱盒、信号机梯子等信号设备的金属外壳均应设安全地线。

（3）交流电力牵引区段的电缆金属护套应设屏蔽地线。

（4）防雷保安器应设防雷地线。

（5）接地端子，应设置用途及去向铭牌。

9）劳动组织

人员配备见表 11—8。

表 11—8 作业人员配备表

序号	岗位	人数	职责
1	施工负责人	1	负责施工组织
2	技术员	2	现场技术总负责
3	信号工	6~10	现场具体施工

10）材料要求电源屏、电池柜、UPS、电源防雷箱、外电网监测箱、蓄电池、机柜底座支架、电源线、接地材料、各类螺栓等根据工作计划配置。

11）设备机具配置

设备机具配置见表 11—9。

表 11—9 设备机具配置表

序号	名称	规格型号	单位	数量	备注
1	发电机	6 000 W	台	1	
2	数字万用表	Fluke17B +	块	6	
3	小工具		套	8	
4	电烙铁	75W	把	5	
5	液压钳	YQK120	把	1	
6	作业灯		个	5	
7	水平尺		把	1	
8	漏电保护装置		套	1	

11.4.3 质量控制

1. 质量控制

(1) 电源设备安装应垂直，同一排电源屏正立面应在同一平面。

(2) 配线应使用阻燃型配线电缆。

(3) 电源线缆应单独走线，与其他线缆有分隔措施。

2. 质量检验

1）电源设备的安装应符合下列要求：

(1) 电源设备的安装位置应符合设计要求。

(2) 电源模块插接固定良好，配件及防松动装置齐全，电气触点应接触可靠、连接紧密。

(3) 电源柜应竖直，相邻柜间应紧密靠拢。电源柜门应自由关合，无卡阻。

2) 蓄电池的安装应符合下列要求：

(1) 蓄电池安装应排列整齐，距离不小于10 mm，每列外侧应在一条直线上，其偏差不大于3 mm。

(2) 蓄电池极性连接正确，并牢固可靠。

3) 电源设备配线应符合下列要求：

(1) 配线电缆规格、型号满足图纸要求。

(2) 电源设备配线的布放应平直整齐。

11.4.4 安全措施

(1) 作业人员进入现场，必须穿安全防护服，戴安全帽，并根据相关要求配置其他防护用品。

(2) 使用发电机时应使用专用插头，电源插座必须有漏电保护器。

(3) 电池连接端子固定牢靠，金属安装工具（如扳手）一定要用绝缘胶带包裹。

(4) 搬运电池轻拿轻放。

(5) 室内按消防要求配备灭火器材，室内禁止存放易燃易爆物品。

(6) 不得在室内使用发电机。

(7) 临时照明应使用标准作业灯，使用临时电源时应设置带有漏电保护装置。

11.4.5 环保措施

将施工过程中产生的废弃物及时回收，统一处理，做到工完、料净、场地清。

11.4.6 建设效果及施工照片

建设效果及施工图片如图11—44和图11—45所示。

图 11—44 电源线配线 1

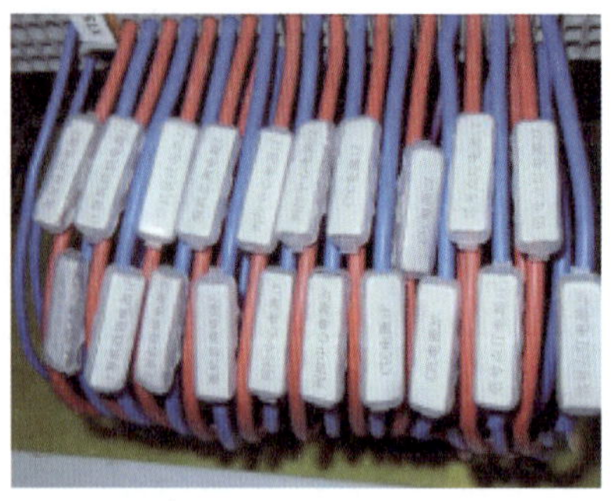

图 11—45 电源线配线 2

11.5 控制台安装

11.5.1 施工前提条件

1. 内业技术准备

在开工前组织技术人员认真学习实施性施工组织设计，阅读、审核施工图纸，澄清有关技术问题，熟悉规范和技术标准。制定施工安全保证措施，提出应急预案。对施工人员进行技术交底和上岗前安全技术培训。按照施工程序，将开箱检验、报验单报送监理工程师签认。

2. 外业技术准备

（1）设备外观检查，设备应完好、无损坏，零、部件及配套产品技术说明书、合格证、出厂质量检验报告等齐全。

（2）房建单位已完成前期工程的施工，现场定测已完成，人员及车辆已齐备，具备室内控显设备安装及配线的施工条件，并与相关单位签订安全协议。

11.5.2 施工方法及工艺标准

1. 施工程序

施工准备→设备定位→设备就位安装→布线/配线→清理现场。

2. 施工工艺

（1）安装位置、场地空间、方式应符合设计要求。

（2）相邻屏幕之间的间隙一般不应大于 1.0 mm。

（3）多屏拼接的整墙屏幕正立面应无凹凸不平现象，纵、横向边缘均应在一条直线上。

（4）设备安装应稳固、牢靠。

3. 施工要求

1）车站控显设备安装

（1）控制台安装

①控制台安装搬运根据控制台大小，配备足够人力统一指挥，防止碰伤。

②控制台在值班员室内安装的位置应依据施工图纸，将控制台摆放在房建地沟预留固定螺栓上，紧固螺母；如房建未预留螺栓，根据控制台安装的位置用电锤钻孔，放入 M16 × 100 mm 膨胀螺栓，将控制台摆放在螺栓上，紧固螺母。

（2）车站内显示器安装

①车站系统结构

车站结构图如图 11—46 所示。

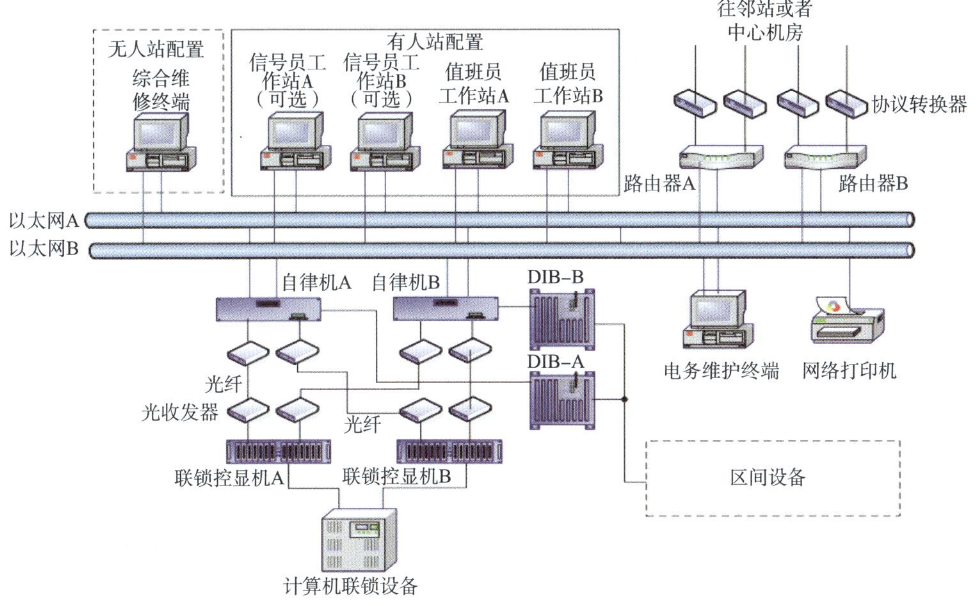

图 11—46　车站示意图

②设备安装

根据设计文件及用户需求合理摆放桌椅。按照设备桌安放位置，将控显设备摆放在适当位置上。运转室联锁操作终端、CTC 操作终端根据车务要求摆放。微机室内安放联锁、监测电务维修终端。

2）调度中心控显设备安装

（1）根据设计文件用记号笔画出设备安装位置。

（2）使用不小于 M10 mm 胀杆螺栓固定支架。

（3）控显屏安装：

①相邻控显屏正立面应在同一条直线上，并排列整齐、端正。

②多屏拼接的整墙屏幕应无凹凸不平现象，纵、横向边缘都应在一条直线。

③控显屏与底座支架间连接平稳、牢固。

（4）控显设备间配线：

①线缆的布放应整齐、自然弯曲，无交叉和破损。

②可靠连接各控显设备插头，拧紧插头上紧固螺丝。

③线缆两端应有去向标识。

（5）控显设备的接地施工

控显设备与墙体绝缘，其安全地线、工作地线等应以最短距离分别就近与接地汇集线连接。

3）配线

（1）配线要求

①配线时必须按图纸进行。

②配线时必须对转折处防护。

③对布放的软线做标记。

（2）配线方法

①按照图纸确定配线的位置。

②选择最佳走线路径。

③留有足够的余量，在套管上标明本端子号及去向。

（3）视频设备电源线配线

①各种电源线宜采用预制的方式。先用皮尺量出电源屏端子至各类设备端子间的距离，作好记录集中预制。配线线条中间不得有接头、破皮，并进行简易绑扎、挂牌、编号。

②配线应在沟、槽及走线槽电缆的上方，并要求平直、整齐。绑扎宜从电源

屏侧顺序绑扎至各设备端子，绑扎要均匀、无交叉现象并不得妨碍器材的更换。

③电源线采用钢管防护时，管口处应用胶带缠绕或作必要的防护措施。

④单股电源线作环前应套相应规格的塑料套管。

⑤多股电源线焊接采用镀锌铜线环，规格应符合设计要求。焊接时应按满足焊接工艺要求。

⑥对所有配线进行导通校对。

（4）显示屏设备间配线

按照图纸确定配线的位置，选择最佳走线路径，留有足够的余量，在套管上标明本端子号及去向；每放一条线应在图上作好标记，全部配线完毕，根据配线图将每个穿线孔配线数进行核对；核对完毕进行设备连接。

4）技术要点

（1）控制台的盘面配置及安装位置应符合设计要求。熔断器容量符合设计规定。

（2）按钮、手柄动作灵活、接触良好。仪表指示及计数器计数准确。

（3）控显设备安装位置、方式应符合设计要求。

（4）控显设备放置在操作台上，不应超出其边沿。

（5）控显设备各种接口的插接元件配置正确、接触可靠。

（6）控显设备之间配线连接正确，设备接地应符合设计要求。

（7）控显设备应显示清晰，发光均匀，无失真、老化现象。

（8）控显设备鼠标、键盘应连接良好、操作灵活方便、防止干扰误动。

5）劳动组织

作业人员配备见表11—10。

表11—10 作业人员配备表

序号	岗位	人数	职责
1	施工负责人	1	负责施工组织
2	技术员	2	现场技术总负责
3	信号工	6～10	现场具体施工

6）材料要求

机柜、显示器、桌椅、线缆等根据工作计划配置。

7）设备机具配置

设备机具配置见表11—11。

表11—11 设备机具配置表

序号	名称	规格型号	单位	数量	备注
1	发电机	6 000 W	台	1	
2	数字万用表	Fluke17B +	块	6	
3	小工具		套	8	
4	电烙铁	75 W	把	5	
5	云石机	ZIE-FF-110	台	1	
6	水平尺		把	1	
7	漏电保护装置		套	1	

11.5.3 质量控制

1. 质量要求

（1）控显设备安装应垂直，同一排设备正立面应在同一平面。

（2）配线应使用阻燃型配线电缆。

（3）各种线缆应有分隔措施。

（4）微机室应满足设备使用环境要求。

2. 质量检验

1）控显设备检验：

（1）检查外观无损伤，配件齐全。

（2）设备的规格、型号、位置符合设计要求。

2）计算机人机界面设备应显示清晰，发光均匀、无失真，鼠标、键盘连接良好，操作灵活方便。

3）调度中心（所）表示屏或背投设备应固定在安装架上。

4）其他控显设备的安装应符合下列要求：

（1）安装位置、方式符合设计要求。

（2）设备放置在操作台上，不应超出其边沿。

（3）控显设备各种接口的插接元件配置正确、接触可靠。

（4）设备之间配线连接正确，设备接地应符合设计要求。

（5）设备安装平稳、牢固。

11.5.4 安全措施

（1）室内控显设备安装时应由专人负责统一指挥。

（2）施工中使用的机具应安放平稳、牢固。

（3）施工点应设专职安全员负责现场安全工作，坚持班前安全教育制度。

11.5.5 环保措施

将施工过程中产生的废弃物及时回收，统一处理，做到工完、料净、场地清。

11.5.6 建设效果及施工照片

建设效果及施工图片如图 11—47 所示。

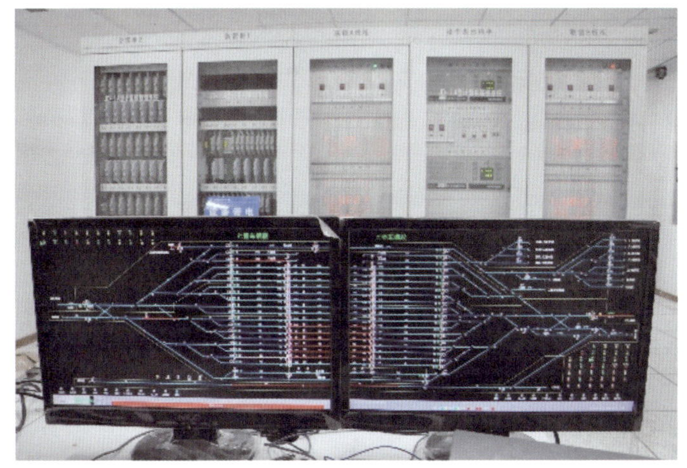

图 11—47 控制显示设备安装

第 12 章　防雷及接地施工

12.1　施工前提条件

1. 内业技术准备

在开工前组织技术人员认真学习实施性施工组织设计，阅读、审核施工图纸，澄清有关技术问题，熟悉规范和技术标准。制定施工安全保证措施，提出应急预案。对施工人员进行技术交底和上岗前安全技术培训。

2. 外业技术准备

（1）工程作业前，应对现场房建与土建单位预留情况进行可行性调查。

（2）施工所需的工机具已准备齐全，且性能良好。

（3）施工所用材料出厂手续齐全，且报验完成。

12.2　施工方法

1. 施工流程

施工准备→施工前检查房建和土建单位预留条件→设备防雷及室内外接地→检查、测试。

2. 施工要求

（1）信号设备防雷及接地应满足《铁路信号设备雷电及电磁兼容综合防护实施指导意见》（铁运〔2006〕26 号）、《铁路防雷、电磁兼容及接地工程技术暂行规定》（铁建设函〔2007〕39 号）、《客运专线综合接地技术实施办法（暂行）》（铁集成〔2006〕220 号）、铁建设〔2012〕29 号文及其他相关规定的要求。

（2）信号设备室内外接地应与综合接地系统连接，接地电阻不大于 1 Ω。

（3）机架（柜）、金属箱盒、信号机梯子等信号设备的金属外壳均应设安全地线。

（4）交流电力牵引区段的电缆金属护套应设屏蔽地线。

（5）防雷保安器应设防雷地线。

（6）接地端子，应设置用途及去向铭牌。

3. 施工方法

1）设备防雷

（1）信号设备防雷保安器经电务段检测合格后方可上道使用。

（2）电源引入防雷、ZPW-2000 轨道电路防雷、高压脉冲轨道电路防雷、进站信号机点灯电路防雷、灯丝报警电路防雷、站联电路防雷、应答器防雷等防雷保安器规格、型号及安装方式符合设计规定。

2）室内设备接地

（1）室内设备接地包括电源引入防雷接地、传输通道防雷、电缆钢带铝护套接地、设备机柜等电位接地四类接地方式（房建预留）。

（2）电源引入防雷箱处、防雷分线室柜处的接地汇集线应单独设置，并分别与环形接地装置单点冗余连接。其余接地汇集线可采用截面积不小于 50 mm^2 有绝缘外护套的多芯铜导线或 30 mm × 3 mm 紫铜排相互连接后与环形接地装置单点冗余连接。

（3）电源引入防雷接地应符合以下要求：

①电源引入防雷箱外壳与防雷箱内接地端子间采用截面积不小于 6 mm^2 铜导线连接。

②电源引入防雷箱内接地端子可直接与就近综合接地端子相连接，连接线应采用截面积不小于 50 mm^2 铜导线。

③当室内设有电源引入防雷接地汇集板时，电源引入防雷箱内接地端子可直接与电源引入防雷接地汇集板连接，连接线应采用截面积不小于 50 mm^2 铜导线。

（4）传输通道防雷、电源屏、电缆钢带铝护套接地应符合以下要求：

①传输通道防雷需单独接地，电源屏、电源防雷箱共用一个接地汇集板，电缆钢带铝护套应单独使用一个接地汇集板，接地汇集板与接地系统应采用栓接方式连接。

②电源屏外壳不与屏内接地端子连接。电源屏外壳接地与其他机柜接地方式一致。

③电缆钢带、铝护套采用截面积不小于 6 mm^2 铜导线连接后直接接地。四芯组屏蔽层环连后与防雷分线柜内接地汇集板间采用截面积不小于 6 mm^2 铜导线连接。

④防雷分线柜内接地汇集板应与就近综合接地系统相连接，连接线应采用截

面积不小于 50 mm^2 铜导线。

室内电缆成端接地如图 12—1 所示。

图 12—1　室内电缆成端接地

（5）设备机柜等电位接地应符合以下要求：

①设备机柜外壳、各种屏蔽线的屏蔽网等应共用一个接地等电位条。ZPW-2000 模拟网络防雷接地需与分线盘防雷共用一个接地汇集排。

②同排每个机柜外壳分别采用截面积不小于 10 mm^2 铜导线与每排的等电位铜排采用栓接方式连接。

③同架屏蔽线间采用截面积不小于 0.75 mm^2 铜导线连接后，与每排的等电位铜排采用栓接方式连接。

④每排的等电位铜排采用 3 mm × 30 mm 规格的紫铜条时，等电位铜排与就近墙壁等电位条采用螺栓连接。

⑤墙壁的等电位条宜采用 3 mm × 30 mm 规格的紫铜条沿墙连接成条形、环形，环形设置时不得构成闭合回路。等电位条距地面高度宜 0.15 ~ 0.25 m，与墙面间距宜 25 ~ 35 mm，并应与墙体绝缘固定。

设备机柜等电位接地如图 12—2 所示。

3）室外设备接地

（1）室外轨旁设备的接地应符合设计要求，设备接地均采用并联连接方式与综合贯通地线连接。

（2）室外电缆的屏蔽和接地应符合下列要求：

图 12—2　设备机柜等电位接地

①室外电缆钢带、铝护套、内屏蔽护套应采取分段单端接地方式，电缆始端钢带、铝护套、内屏蔽护套连通后接地，电缆终端的钢带、铝护套、内屏蔽不接地。单端接地的电缆长度不宜超过 1 000 m。

②普通信号电缆在箱盒成端时，钢带和铝护套分别用 U 形地线连接夹固定牢固（分支电缆无铝护套只连钢带），按环接方式引出两根屏蔽接地引出线，引出线截面积为两根 1.5 mm^2 黄绿铜芯塑料线，引出线的长度根据接地端子排的位置确定，绕环后上端子排，如图 12—3 所示。

③屏蔽电缆成端时，将截面积 1.5 mm^2 的扁平铜网和排流线放在屏蔽连接压接管和金属内屏蔽层之间，用专用压接钳压接后引出。以此类推，将屏蔽引出线与其他屏蔽四线组环连压接后，引出两根屏蔽引出线，屏蔽引出线的长度根据接地端子排的位置确定，绕环后上端子排，如图 12—4 所示。

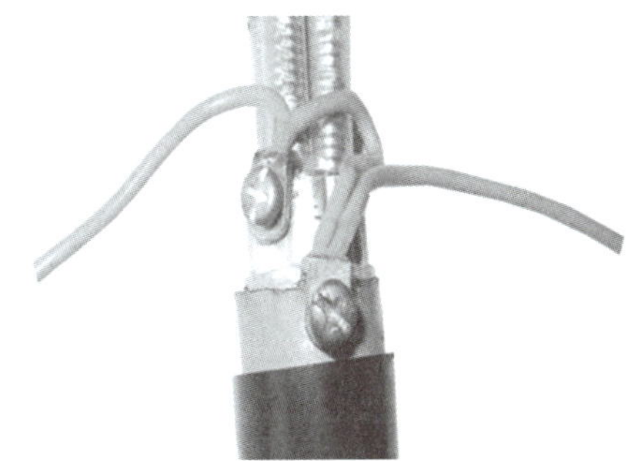

图 12—3　普通电缆成端接地

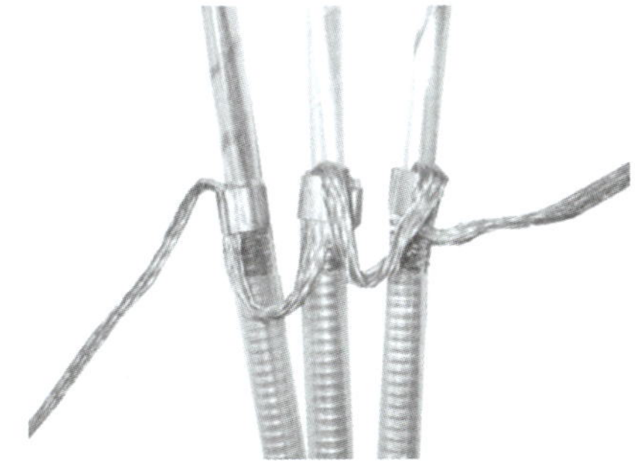

图 12—4　屏蔽电缆成端接地

④箱盒的接地端子应就近与综合接地端子或贯通地线连接，连接线应采用截面积不小于 35 mm² 的铜导线。

⑤屏蔽连接的扁平铜网环应用专用压接钳压接牢固。

⑥应答器尾缆屏蔽与电缆屏蔽连接，室内接地。

（3）信号机及梯子的接地应符合下列要求：

①矮型信号机的金属基础，采用 35 mm² 铜导线连接后，与就近的接地端子连接。附近有多架信号机时，可以环连后与就近的接地端子连接。

②高柱信号机机构与梯子连接时，采用 35 mm² 铜芯线两端加焊线鼻，分别接至梯子和机构螺栓。梯子下部采用 35 mm² 铜导线与就近接地端子连接，如图 12—5 所示。

图 12—5　高柱信号机构及梯子接地示意图

（4）转辙装置的接地应符合下列要求：

正线转辙装置的转辙机、密贴检查器、下拉装置的金属外壳采用 35 mm² 铜导线就近与综合接地端子或贯通地线连接。

（5）ZPW-2000 防雷接地应符合设计要求：

①空芯线圈无完全横向连接时，在空芯线圈与地线间串接两个防雷单元。空芯线圈与防雷单元采用 10 mm² 铜导线连接、防雷单元采用 35 mm² 铜导线与就近接地端子连接。空芯线圈完全横向连接时，不设防雷单元。

②ZPW-2000 轨道电路调谐匹配单元的 V1、V2 端子上，用 10 mm² 铜导线，并接一个调谐匹配防雷单元，但不接地。

③防雷单元的规格、型号及串、并联接线方法正确。

图 12—6　空芯线圈端子示意图

(6) 完全横向连接的设置距离、位置应符合设计要求。完全横向连接：两线路间的空芯线圈与扼流变压器、或空芯线圈与空芯线圈、或扼流变压器与扼流变压器的横向连接线，采用横截面积不小于 70 mm^2 带有绝缘防护外套铜线。空扼流变压器或空芯线圈的中点用横截面积不小于 70 mm^2 带有绝缘防护外套铜线接至就近的综合地线。

(7) 简单横向连接的设置距离、位置应符合设计要求。简单横向连接：两线路间的空芯线圈与扼流变压器、或空芯线圈与空芯线圈、扼流变压器与扼流变压器的横向连接线，采用横截面积不小于 70 mm^2 带有绝缘防护外套铜线。

(8) 信号设备的金属外缘距接触网回流线距离应大于 1 m，当不足 1 m 时，应加绝缘防护，但不得小于 0.7 m。

(9) 各接地线连接端子应牢固可靠，引接线露出地面部分应进行防护。

4) 综合接地要求

信号综合防雷接地是综合接地系统的一部分，具体有贯通地线、贯通地线接入桥梁墩柱接地点、接入站房法拉第笼、信号设备和电缆保护外壳接地点等部分。

(1) 各施工单位应按照《铁路综合接地系统通用参考图》(通号〔2016〕9301) 和设计文件的有关要求进行施工，各监理单位和电务段应严格监督施工质量。

（2）路基地段贯通地线埋设于信号电缆槽外下方土壤中，距电缆槽底不少于300 mm。隧道、桥梁宜放置电力电缆槽或信号电缆槽内防水层以下，接地端子必须使用水泥包封防护与通信信号光电缆隔离。

（3）贯通地线接入桥梁墩柱接地点连接螺栓应紧固。

（4）桥梁地段其他专业的设备不得接入贯通地线，应直接接入桥梁墩柱接地点上，其接地连接线不得与通信信号电缆同沟。

（5）牵引供电吸上线与接触网支柱接地端子连接线不得与通信信号电缆槽同沟。

（6）路基地段接触网支柱接地连接线不得接入贯通地线且不得与通信信号电缆槽同沟。

（7）所有信号设备的各种地线均应就近与贯通地线连接并确保接头良好。

（8）贯通地线的设置：桥上每两个桥墩有一处接地，电力的接地线不能接电务的设备，有两个接地在同一坐标的，电力的接电力槽内，电务的接电务槽内的，不能接在一起，贯通地线原则上谁接谁负责检查，一定要紧固，但吸上线必须要检查。

5）其他

以上内容如与《高速铁路信号维护规则》《高速铁路信号工程施工质量验收标准》《高速铁路信号工程施工技术规程》等有关规定和设计文件冲突之处，以《高速铁路信号维护规则》《高速铁路信号工程施工质量验收标准》《高速铁路信号工程施工技术规程》和设计文件为准。

4. 劳动组织

人员配备见表12—1。

表12—1　人员配备表

序号	岗位	人数	职责
1	施工负责人	1	负责施工组织
2	技术员	2	现场技术总负责
3	信号工	3	现场具体施工
4	防护员	4	现场安全防护

5. 材料要求

（1）所用材料的产品合格证、出厂检验报告等齐全。

（2）所用材料经过相关单位检测合格后方能使用安装。

6. 工机具配置

工机具配置见表12—2。

表12—2　工机具配置表

序号	名称	规格型号	单位	数量	备注
1	发电机	6 000 W	台	1	
2	焊枪		把	2	
3	卷尺	50 m	把	1	
4	液压钳	YQK120	把	1	
5	对讲机	Motorolaa8i	台	2	
6	小工具		套	2	

12.3　质量控制

（1）材料进场严格进行验收，其规格、型号、质量应符合设计图纸的要求。

（2）施工完成后，立即进行检测，对未达标的进行整改。

12.4　安全措施

（1）室内按消防要求配备灭火器材，禁止存放易燃易爆物品。

（2）使用发电机时应使用专用插头，电源插座必须有漏电保护器。

（3）雨雪天气禁止使用发电机和电动工具。

12.5　环保措施

作业完毕，应对施工区域环境进行清理，做到工完、料净、场地清。

12.6　建设效果及施工图片

建设效果及施工图片如图12—7和图12—8所示。

图 12—7　电缆防雷接地

图 12—8　室内防雷接地

第 13 章　室内模拟试验

13.1　施工前提条件

1. 内业技术准备

在开工前组织技术人员认真学习实施性施工组织设计，阅读、审核施工图纸，澄清有关技术问题，熟悉规范和技术标准。制定施工安全保证措施，提出应急预案。对施工人员进行技术交底和上岗前安全技术培训。

2. 外业技术准备

（1）室内设备安装、核对配线完毕。

（2）设备及配线绝缘良好。

（3）试验用电源，负载容量满足设计要求。

（4）电源设备调试完成，各种技术指标符合设计要求。

（5）室内设备防雷、安全、工作地线连接完毕，接地电阻达到要求。

13.2　施工方法

1. 施工流程

电源屏调试→空送电试验→插入设备送电试验→查找操作台错误信息→联锁采集、驱动一致性试验→联锁试验→清理现场→调试结束。

2. 施工准备

1）检查试验用图纸、工具仪表、材料齐备。

2）复核试验各类测试表格准备齐备。

3）制作模拟盘。

（1）ZPW-2000 模拟电路（图 13—1）

（2）道岔模拟条件（图 13—2）

（3）信号机模拟条件（图 13—3）

直接在分线盘相应端子连接信号模拟单元。

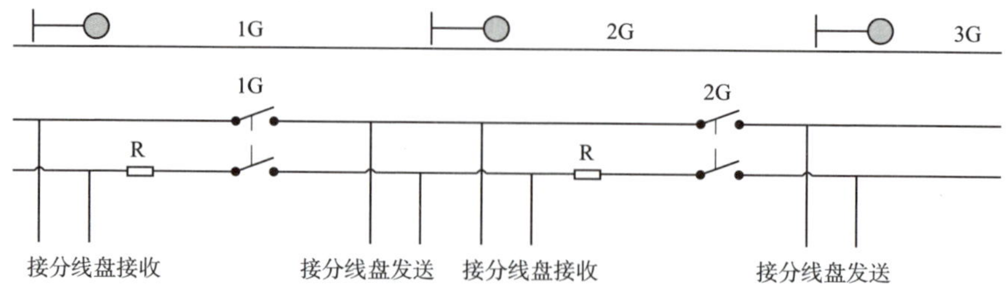

图 13—1 轨道电缆模拟条件

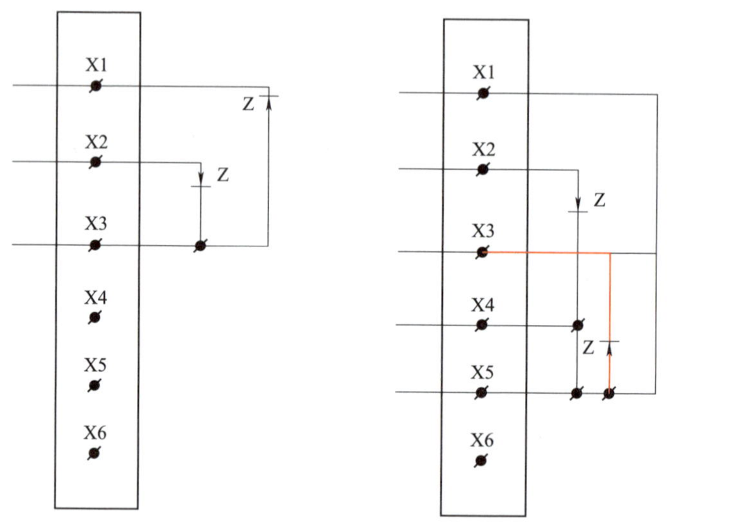

图 13—2 道岔模拟条件

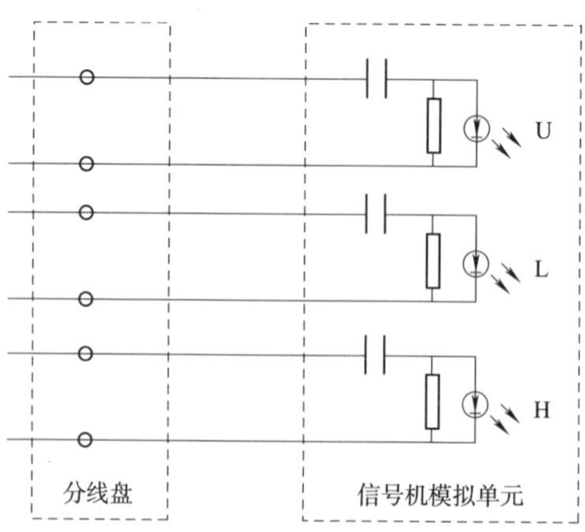

图 13—3 信号机模拟条件

3. 施工方法

1）电源屏调试

（1）用万用表确认电源屏接入的电压符合使用要求，用相序表检测相序。

（2）引入电源符合使用要求后接线。

（3）合上电源屏输入开关，观察电源屏电压表正常后，试验两路电源切换。

（4）逐一合上电源屏输出开关，用万用表量取各路电源输出端子，当不符合使用条件时对照图纸查找原因，处理故障。

（5）关屏顺序相反。

（6）厂家到场配合。

2）组合柜空送电

（1）合上电源屏任意一路输出开关，量取组合柜零层对应端子应有相应电源，其他电源端子应该量取不到，逐架合上相应断路器，量取组合柜零层对应端子应有相应电源，其他电源端子应该量取不到。

（2）重复上述过程直至所有电源全部正常送到最后一级断路器为止。

（3）当出现异常时，应停止送电，进行检查，故障处理完毕继续上述过程直至所有电源全部正常送到最后一级断路器为止。

（4）送电完毕，断开组合柜全部断路器。

3）安装设备

将组合柜设备逐一进行安装，安装完一个组合柜合上柜零层断路器，进行检查电源是否有接地、混电。

如果有接地、混电现象应停止设备安装，处理接地、混电，完毕后继续设备安装，直至全部完成。

4）驱动、采集一致性检查

用一临时24 V电源根据设计文件在驱动、采集接口架上，按照设计图纸根据测试需要找到相应端子加电，观察相应继电器是否吸起，用万用表电阻档在相应采集端子位置导通，确认采集正确。

5）连接模拟盘

按照电路原理将模拟盘连接在分线盘和相应接口位置。

6）配合联锁、列控、CTC、集中监测等设备供应商进行加电调试。

7）操作台单项试验

（1）完成以上工作后，首先进行上电解锁，根据操作台显示，处理轨道区段红、白光带故障。

（2）分别找回道岔表示，并进行单操试验。

（3）处理信号机显示故障。

（4）处理各种接口显示。

8）信号机试验

（1）信号机开放灯光和信号显示关系图一致。

（2）灯光转移。

（3）信号故障降级。

9）道岔试验

（1）表示继电器、2QDJ 与联锁表一致。

（2）切断道岔表示断路器能断开道岔表示。

（3）切断道岔启动断路器能断开道岔启动电路。

（4）操作台对道岔单独锁闭后，排列与单独锁闭道岔位置相反的进路时，该道岔不能转换。

（5）多动道岔总表示应检查每一级分表示。

10）轨道电路试验

（1）轨道继电器状态和操作台一致。

（2）轨道继电器区段位置和操作台一致。

（3）轨道电路码序是否与设计文件相符。

11）冗余设备试验

（1）倒换及时、可靠。

（2）倒换前后数据一致。

（3）倒换后及时给出报警信息。

12）零散电路试验。

根据设计文件进行主副电源、熔丝报警、联系电路等零散电路试验。

13）根据联锁表按照联锁管理办法排列进路试验，并填写试验记录。

4. 劳动组织

人员配备见表13—1。

表13—1　人员配备表

序号	岗位	人数	职责
1	施工负责人	1	负责施工组织
2	技术员	1	现场技术总负责
3	信号工	3	配合试验

5. 材料要求

调试过程中所需的材料应能够满足试验要求。

6. 工机具配置

工机具配置见表13—2。

表13—2　工机具配置表

序号	名称	规格型号	单位	数量	备注
1	发电机	6000 W	台	1	
2	电烙铁	75 W	把	2	
3	数字万用表	Fluke17B +	块	2	
4	移频测试仪	CD96-3Z	块	2	
5	对讲机	Motorolaa8i	台	3	
6	小工具		套	2	

13.3　质量控制

(1) 按照联锁表进行逐项试验。

(2) 试验记录完备。

(3) 零散电路试验项目齐全。

13.4　安全措施

(1) 室内按消防要求配备灭火器材，禁止存放易燃易爆物品。

(2) 使用发电机时应使用专用插头，电源插座必须有漏电保护器。

（3）使用临时电源时应设置带有漏电保护装置的配电箱，临时用电应设专人管理。

13.5 环保措施

作业完毕，应对施工区域环境进行清理，做到工完、料净、场地清。

13.6 建设效果及施工图片

建设效果及施工图片如图 13—4 所示。

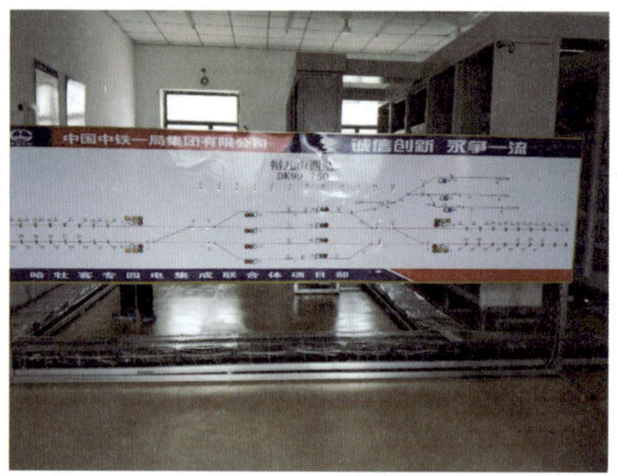

图 13—4 室内模拟盘实物图

第 14 章　设备单项调试

14.1　轨道电路调试

14.1.1　施工前提条件

1. 内业技术准备

在开工前组织技术人员认真学习实施性施工组织设计，阅读、审核施工图纸，澄清有关技术问题，熟悉规范和技术标准。制定施工安全保证措施，提出应急预案。对施工人员进行技术交底和上岗前安全技术培训。

2. 外业技术准备

（1）复核实际轨道长度，电缆长度。

（2）复核轨道电源输出正常稳定，无混电、接地。

（3）室外轨道设备及补偿电容安装完毕。

（4）试验所需的工具、仪表准备齐全，且性能良好。

（5）室内 ZPW-2000 设备安装调试完毕。

（6）室外轨道电缆导通试验完成。

14.1.2　施工方法

1. 施工流程

调试准备→送电试验→克服缺点→清理现场→调试结束。

2. 施工准备

（1）根据现场实际测量电缆长度，在综合柜模拟网络盘上进行封线，以达到模拟电缆长度。

（2）根据实际轨道区段长度和轨道电路调整表，在移频柜上调整各个区段的电平与电压。

（3）拆除室内轨道模拟盘。

（4）连接室外轨道电缆。

（5）连接室外所有轨道连接线。

3. 施工方法

（1）移频设备送电。

（2）检查轨道继电器是否可靠吸起。

（3）室内移频设备指示灯是否工作正常。

（4）测试室外发送、接收端，轨面电压是否符合调整表要求。

（5）测试室内设备电平、电压是否符合调整表要求。

（6）改变运行方向，重复以上步骤。

4. 劳动组织

人员配备见表 14—1。

表 14—1　人员配备表

序号	岗位	人数	职责
1	施工负责人	1	负责施工组织
2	技术员	2	现场技术总负责
3	信号工	4	现场具体施工
4	防护人员	4	负责现场安全防护

5. 材料要求

调试过程中所需的材料应能够满足试验要求。

6. 工机具配置

工机具配置见表 14—2。

表 14—2　工机具配置表

序号	名称	规格型号	单位	数量	备注
1	发电机	6 000 W	台	1	
2	电烙铁	75 W	把	2	
3	数字万用表	Fluke17B +	块	2	
4	移频测试仪	CD96-3Z	块	2	
5	对讲机	Motorolaa8i	台	3	
6	小工具		套	2	
7	区间电话		部	2	

14.1.3　质量控制

（1）发送、接收电平、电压调整符合轨道调整表。

（2）模拟网络调整符合轨道调整表。

（3）试验记录完备。

14.1.4　安全措施

（1）室内按消防要求配备灭火器材，禁止存放易燃易爆物品。

（2）使用发电机时应使用专用插头，电源插座必须有漏电保护器。

（3）使用临时电源时应设置带有漏电保护装置的配电箱，临时用电应设专人管理。

（4）作业人员进入现场，必须穿安全防护服，并根据相关要求配置其他防护用品。

（5）应设安全防护人员。

14.1.5　环保措施

作业完毕，应对施工区域环境进行清理，做到工完、料净、场地清。

14.1.6　建设效果及施工图片

建设效果及施工图片如图14—1所示。

图14—1　轨道电路调试图

14.2 信号机调试

14.2.1 施工前提条件

1. 内业技术准备

在开工前组织技术人员认真学习实施性施工组织设计，阅读、审核施工图纸，澄清有关技术问题，熟悉规范和技术标准。制定施工安全保证措施，提出应急预案。对施工人员进行技术交底和上岗前安全技术培训。

2. 外业技术准备

（1）信号机安装及配线完毕，满足试验条件。

（2）对使用的工具、仪表进行检查，确保性能指标正常。

（3）室外电缆导通试验完成。

14.2.2 施工方法

1. 施工流程

调试准备→信号机送电→核对灯位、显示→断丝转换及报警试验→显示方向调整→清理现场→调试结束。

2. 施工要求

1）信号机灯光调试良好、显示正确，同架信号机两个同一颜色的灯光色谱应接近一致，同一机柱同方向安装的各个机构灯位中心应在同一垂直线上。

2）信号机的显示距离。

（1）进站、通过、接近、遮断信号机，不得小于 1 000 m。

（2）高柱出站、高柱进路信号机，不得小于 800 m。

（3）调车、矮型进站、矮型出站、矮型进路、复式信号机，容许、引导信号及各种表示器，不得小于 200 m。

（4）在地形、地物影响视线的地方，进站、通过、接近、遮断信号机的显示距离，在最坏条件下，不得小于 200 m。

3）信号机构的灯座调整灵活，且光源调整在透镜的焦点上。透镜组的色玻璃及透镜清洁明亮、无影响显示的斑点和裂纹。

4）信号机正常点灯时应点亮主灯泡；当主灯泡断丝后，能自动转至副灯泡。

3. 施工准备

（1）室内准备220 V交流电源，电源须经漏电保护器连接至开关，然后连接至鳄鱼夹。

（2）相关信号机电缆芯线未与分线盘端子连接。

（3）室外灯光堵严，防止灯光泄漏影响行车。

（4）试验用工具。

4. 施工方法

1）分线盘送电

（1）室内配合人员断开电源开关后，根据室外试验人员要求，将鳄鱼夹连接在信号机相应灯位的电缆芯线上。并将两只鳄鱼夹分开，防止短路。

（2）室外调试人员准备好后通知室内，室内配合人员合上开关，送出电源。室外调试人员用万用表的交流档测量箱盒内相关端子，确认电源送到信号机箱盒内。

2）核对信号机灯位

室外试验人员根据信号平面布置图核对灯位排列。

3）核对信号机灯光显示

室内外试验人员核对室内送电灯光和室外显示一致性。

4）灯丝转换试验

信号机使用双灯泡时，确认点亮主灯泡后，拔掉主灯泡，副灯泡应点亮，检查灯丝转换继电器是否落下，和室内联系报警信息是否送回。

试验完一个灯位后，室内切断开关，从电缆芯线上摘下鳄鱼夹，连接在下一个灯位的电缆芯线上，进行下一个灯位试验。

5）显示方向调整

室外调试人员站在信号机显示前方观察，调整信号机机构满足显示距离要求。

6）试验结束

（1）室内切断电源，从电缆芯线上摘下鳄鱼夹。

（2）室外检查机构内、箱盒内各个接线端子是否紧固，备母是否齐全，设备是否稳固，并清理现场。

（3）室外再次检查灯光是否堵严后，把箱盒、机构门关严、加锁。

5. 劳动组织。

人员配备见表 14—3。

表 14—3 人员配备表

序号	岗位	人数	职责
1	施工负责人	1	负责施工组织
2	技术员	2	现场技术总负责
3	信号工	4	现场具体施工
4	防护人员	4	负责现场安全防护

6. 材料要求

调试过程中所需的材料应能够满足试验要求。

7. 工机具配置

工机具配置见表 14—4。

表 14—4 工机具配置表

序号	名称	规格型号	单位	数量	备注
1	发电机	6 000 W	台	1	
2	数字万用表	Fluke17B +	块	2	
3	对讲机	Motorolaa8i	台	3	
4	小工具		套	2	

14.2.3 质量控制

（1）灯位排列与信号平面布置图相符。

（2）灯光显示正确。

（3）主副灯丝转换可靠。

14.2.4 安全措施

（1）室内按消防要求配备灭火器材，禁止存放易燃易爆物品。

（2）使用发电机时应使用专用插头，电源插座必须有漏电保护器。

（3）使用临时电源时应设置带有漏电保护装置的配电箱，临时用电应设专人管理。

（4）作业人员进入现场，必须穿安全防护服，并根据相关要求配置其他防护用品。

（5）应设安全防护人员。

（6）电源必须有漏电保护器。鳄鱼夹绝缘套应完好。

14.2.5　环保措施

作业完毕，应对施工区域环境进行清理，做到工完、料净、场地清。

14.2.6　建设效果及施工图片

建设效果及施工图片如图 14—2 和图 14—3 所示。

图 14—2　信号机正面调试图

图 14—3　信号机背面调试图

14.3　转辙机调试

14.3.1　施工前提条件

1. 内业技术准备

在开工前组织技术人员认真学习实施性施工组织设计，阅读、审核施工图纸，澄清有关技术问题，熟悉规范和技术标准。制定施工安全保证措施，提出应急预案。对施工人员进行技术交底和上岗前安全技术培训。

2. 外业技术准备

（1）室外道岔设备安装完毕。

（2）对使用的工具、仪表进行检查，确保性能指标正常。

（3）室外电缆导通试验完成。

14.3.2 施工方法

1. 施工流程

调试准备→送电试验→克服缺点→清理现场→调试结束。

2. 施工方法

1）室外部分

（1）打开电动转辙机盖，检查配线连接。

（2）安装二极管。

（3）和室内联系，报告准备完备。

2）室内部分

（1）拆除模拟线。

（2）在分线盘接上室外电缆。

（3）确认室内三相电相序。

（4）和室外联系，确认可以开始试验。

3）试验

（1）室内接通电源，查看道岔表示。

（2）找回道岔表示。

（3）在控制台上操动道岔，室外动作是否正常。

（4）反复操动道岔，调整道岔密贴。

（5）密贴调整完毕后，室内外共同确认道岔表示是否一致。

（6）逐级断开转辙机、密贴检查器中任意一组表示接点，必须切断相应表示电路。

（7）断开转辙机挤岔销检查接点，必须切断相应表示电路。

（8）断开转辙机安全保护接点，必须切断相应启动电路。

（9）调整摩擦电流符合技术要求。

4）试验完毕，断开断路器，分线盘处电缆换正式线把，室外清理转辙机、箱盒内部后加锁。

3. 劳动组织

人员配备见表14—5。

表14—5　人员配备表

序号	岗位	人数	职责
1	施工负责人	1	负责施工组织
2	技术员	2	现场技术总负责
3	信号工	4	现场具体施工
4	防护人员	4	负责现场安全防护

4. 材料要求

调试过程中所需的材料应能够满足试验要求。

5. 工机具配置

工机具配置见表14—6。

表14—6　工机具配置表

序号	名称	规格型号	单位	数量	备注
1	发电机	6 000 W	台	1	
2	电烙铁	75 W	把	2	
3	数字万用表	Fluke17B +	块	2	
4	对讲机	Motorolaa8i	台	3	
5	小工具		套	2	
6	道岔专用工具		套	2	

14.3.3　质量控制

道岔转换和表示与操作意图一致并正确。

14.3.4　安全措施

（1）室内按消防要求配备灭火器材，禁止存放易燃易爆物品。

（2）使用发电机时应使用专用插头，电源插座必须有漏电保护器。

（3）使用临时电源时应设置带有漏电保护装置的配电箱，临时用电应设专人管理。

（4）作业人员进入现场，必须穿安全防护服，并根据相关要求配置其他防护用品。

（5）应设安全防护人员。

（6）需转动道岔时，应确认尖轨与基本轨之间无异物，尖轨上无人员站立。

（7）车辆运行区段试验完毕，道岔恢复原始位置。

14.3.5 环保措施

作业完毕，应对施工区域环境进行清理，做到工完、料净、场地清。

14.3.6 建设效果及施工图片

建设效果及施工图片如图 14—4 所示。

图 14—4　转辙机调试图

第 15 章　联调联试

15.1　施工前提条件

1. 内业技术准备

在开工前组织技术人员认真学习实施性施工组织设计，阅读、审核施工图纸，澄清有关技术问题，熟悉规范和技术标准。制定施工安全保证措施，提出应急预案。对施工人员进行技术交底和上岗前安全技术培训。

2. 外业技术准备

（1）单项试验、子系统（联锁子系统、列控子系统、调度集中子系统、集中监测子系统等）试验已完成。

（2）电力专业提供正式电源。

15.2　施工方法

1. 施工流程

作业准备→设备送电→系统联调试验→清理现场→作业结束。

2. 施工要求

（1）模拟列车正常运行情况，检查联锁子系统、列控子系统、调度集中子系统、集中监测子系统的功能应符合设计要求，检查各子系统间的接口、数据传输、信号传输频率及电平应符合设计要求。

（2）模拟子系统设备运行故障，检查联锁子系统、列车控制子系统、调度集中子系统的功能应符合设计要求。

3. 施工方法

1）联锁子系统试验

根据联锁表及信号显示关联图等有关设计文件逐条进行试验，并填写联锁试验表。

（1）信号机试验

①通过排列进路，核对室外实际显示应与继电器状态、操作台显示一致。

②核对灯位。

③调整灯端电压。

④调整灯丝继电器电流。

⑤灯光转移试验。

⑥主副灯丝转换及报警试验。

（2）道岔试验

①道岔单操时道岔位置与继电器状态、操作台表示相一致。

②逐级断开转辙机、密贴检查器的表示接点时，表示继电器应可靠落下。

③道岔转换超过规定时间时，应切断启动电路。

④调整摩擦电流。

⑤排列进路时道岔位置与控制意图、继电器状态、操作台表示相一致。

（3）轨道电路试验

①轨道电路的占用及空闲，与继电器状态、操作台表示相一致。

②调整状态下，轨道继电器应可靠吸起。

③分路状态下，轨道继电器应可靠落下，残压符合要求。

④轨道电路参数调整。

2）列控子系统试验

（1）ZPW-2000 轨道电路调试

①检查各个轨道区段载频、编码是否正确。

②检测轨道电路的方向继电器切换时能控制轨道电路迎列车运行方向发码。

③室内发送、接收与室外相应区段位置一致。

④检查转频码发送和取消的时机及地点正确。

⑤列控中心通过 CAN 总线功能完备。

⑥检测主、备机倒换功能正常。

⑦报警电路试验。

⑧调整轨道出、入口电流。

（2）相邻列控中心之间调试

①能及时、准确传递相邻站间轨道电路状态及编码所需要的信息。

②办理改变运行方向时，两站能够同时改变方向继电器。

③相邻车站和区间中继站临时限速信息能够正确传递。

④相邻列控中心运行状态信息传递正确。

（3）应答器接口调试配合

①测试应答器报文发送是否正确。

②测试列控中心控制冗余 LEU 切换功能是否正确。

③列控中心应能正确的将报文发送给 LEU，并能检测 LEU 及应答器的故障状态。

3）调度集中子系统调试配合

（1）监督功能试验，主要包括信号设备的状态，车次号的追踪和管理等。

（2）控制功能试验，主要包括中心人工控制功能，中心自动控制功能，车站信号设备控制等。

（3）管理功能试验，主要包括时刻表的编辑、管理、自动加载和自动下载；准点率统计；事件和报警管理；各种报表管理；回放功能；系统参数管理；系统设备状态管理；车组号的全线追踪和管理等。

（4）临时限速拟定功能试验，主要包括临时限速拟定与临时限速服务器接口；相邻调度台临时限速接口等。

（5）检查调度中心列车调度、助理调度台功能，车站 CTC 功能，综合维修功能，电务维护功能。

4）集中监测子系统调试配合

查看终端是否能够登录服务器，选择监测车站；是否能够实现显示及存储车站数据；是否能实现图形、曲线及各类报表的打印管理及导出。

（1）车站电缆绝缘测试。

（2）漏流测试。

（3）排架熔丝报警。

（4）道岔电流测试。

（5）道岔表示电压测试。

（6）车站列车信号机点灯回路电流测试。

（7）配合各子系统接口数据传输调试。

4. 劳动组织

人员配备见表 15—1。

表 15—1　人员配备表

序号	岗位	人数	职责
1	施工负责人	2	负责施工组织
2	技术员	4	现场技术配合
3	信号工	若干	配合试验
4	防护人员	若干	安全防护

5. 材料要求

调试过程中所需的材料应能够满足试验要求。

6. 工机具配置

工机具配置见表 15—2。

表 15—2　工机具配置表

序号	名称	规格型号	单位	数量	备注
1	数字万用表	Fluke17B +	块	具体数量根据现场需求确定	
2	移频测试仪	CD96-3Z	块		
3	对讲机	Motorolaa8i	台		
4	区间电话		部		
5	小工具		套		

15.3　质量控制

（1）联锁关系正确。

（2）轨道电路码序符合设计文件。

（3）双机冗余倒换正确。

（4）子系统间接口信息传递正确、可靠。

15.4　安全措施

（1）作业人员进入现场，必须穿安全防护服，并根据相关要求配置其他防护用品。

（2）室内按消防要求配备灭火器材，禁止存放易燃易爆物品。

（3）使用临时电源时应设置带有漏电保护装置的配电箱，临时用电应设专人管理。

（4）室内禁止吸烟。

（5）禁止使用封连线。

15.5　环保措施

作业完毕，应对施工区域环境进行清理，做到工完、料净、场地清。

15.6　建设效果及施工图片

建设效果及施工图片如图15—1所示。

图15—1　控制台调试图